A **CURA** PELA *fé*

EDITORA EME

Solicite nosso catálogo completo, com mais de 300 títulos, onde você encontra as melhores opções do bom livro espírita: literatura infantojuvenil, contos, obras biográficas e de autoajuda, mensagens espirituais, romances palpitantes, estudos doutrinários, obras básicas de Allan Kardec, e mais os esclarecedores cursos e estudos para aplicação no centro espírita - iniciação, mediunidade, reuniões mediúnicas, oratória, desobsessão, fluidos e passes.

E caso não encontre os nossos livros na livraria de sua preferência, solicite o endereço de nosso distribuidor mais próximo de você.

Edição e distribuição

EDITORA EME
Caixa Postal 1820 - CEP 13360-000 - Capivari - SP
Telefones: (19) 3491-7000/3491-5449
vendas@editoraeme.com.br - www.editoraeme.com.br

Ricardo Orestes Forni

A CURA PELA fé

Capivari-SP
- 2013 -

Os direitos autorais desta obra foram cedidos pelo autor para a Editora EME, o que propicia a venda dos livros com preços mais acessíveis e a manutenção de campanhas com preços especiais a Clubes do Livro de todo o Brasil.

A Editora EME mantém, ainda, o Centro Espírita "Mensagem de Esperança", colabora na manutenção da Comunidade Psicossomática Nova Consciência (clínica masculina para tratamento da dependência química), e patrocina, junto com outras empresas, a Central de Educação e Atendimento da Criança (Casa da Criança), em Capivari-SP.

3ª reimpressão - setembro/2013 - Do 6.501 ao 7.000 exemplares

CAPA | André Stenico
DIAGRAMAÇÃO | Vinicius Giacomini Pinto
REVISÃO | Lídia Bonilha

Ficha catalográfica elaborada na editora

Forni, Ricardo Orestes
A cura pela fé / Ricardo Orestes Forni - 3ª reimp. set. 2013 - Capivari, SP : Editora EME.
184 p.

1ª edição : set. 2009
ISBN 978-85-7353-423-8

1. Espiritismo. Cura e autoajuda.
2. Eficácia da prece. Valor da oração e cura pela fé.
CDD 133.9

SUMÁRIO

Dedicatória 7
Palavras iniciais 9
Vamos refletir? 13
Aconteceu com o Chico 15
Existe milagre? 17
Podem os espíritos curar? 21
Quando podem os espíritos curar 27
Moratória 39
A parte do doente 47
O que é a fé? 57
O homem, o perispírito e o espírito 69
Natanael Ben Elias - O paralítico 83
A doença na visão dos espíritos 91
A doença e a história 113

Nas profundidades do ser 123
O melhor tratamento 137
Cirurgia psíquica 145
Vamos refletir? 153
A última consulta 169
Uma justa homenagem 175
Bibliografia 181

Dedicatória

Dedico este livro singelo a todos aqueles que creem na imortalidade da vida e nas Leis perfeitas que a regem, e a todos aqueles outros que hoje não acreditam, mas que, um dia, virão a crer, convencidos pela força das evidências que vivenciarão por si mesmos.

Palavras iniciais

Este é um livro simples escrito para pessoas simples, mas desejosas de conhecer a Verdade que nos libertará do ciclo de sofrimentos expiatórios ou provacionais que a agressão às Leis sábias da Vida determina.

Somente Deus e os Espíritos perfeitos conhecem a Verdade absoluta. No estágio evolutivo em que nos encontramos, conseguimos uma pálida e mutante ideia dessa Verdade.

Entretanto, já sabemos o suficiente para concordar com o dito popular de que ninguém ficará para semente.

Nicodemos, o doutor das leis em Israel, também sabia disso, tanto que, escondido nas sombras da noite, procurou Jesus, para indagar dele o que era preciso fazer para entrar no reino do céu. O doutor das leis sabia que a morte o apanharia um dia, levando-o para o lugar comum a todo ser vivo.

O corpo físico sofre um processo inevitável de desgaste, a partir do instante em que nasce. Mais rapidamente ou de maneira mais lenta, a energia que esse corpo traz se esgota com o passar dos anos.

Na tentativa de prolongar esse tempo na Terra, procuramos, até mesmo com desespero, a cura para todo mal que possa ameaçar nossa presença no mundo. É do instinto de preservação da vida que assim seja.

A vida física é uma preciosidade pelas oportunidades de crescimento moral que encerra, cujo valor só conheceremos quando estivermos na dimensão espiritual.

Sem entendermos, por enquanto, esse valor, mas temendo a morte, procuramos a cura para os males que nos ameaçam o viver.

A fé, mesmo quando sem vínculo com nenhuma religião, é capaz de nos proporcionar esse intento?

O que é fé?

A fé promove o chamado milagre que nos concede a cura?

Jesus curou a todos os enfermos do corpo que procuraram por ele?

E a religião, tem meios de nos fornecer recursos para a preservação da saúde?

As promessas de cura feitas por determinados representantes religiosos realmente podem ser cumpridas?

Os Espíritos Superiores atuam no físico socorrendo-nos os problemas orgânicos?

Quando se fala em fé, essa fé está vinculada a algum tipo de religião? O que é religião: um amontoado de rituais, de hierarquias entre as pessoas, de cânticos especiais, de uso de velas, de cerimônias diversas ou de qualquer outra atitude exterior? Ou religião, como Jesus a ensinou, é a vivência do amor ao próximo e a Deus? Qual a sua opinião? Qual a sua escolha: a religião dos homens ou aquela que o Cristo ensinou?

O que pensa a ciência sobre o auxílio da fé?

Ciência e religião não se misturam como água e óleo? São inimigas irreconciliáveis?

Afinal, desse pequeno emaranhado de questões que poderiam se estender muito longe, o que podemos esperar?

A CURA PELA FÉ existe?

Logo após, na página seguinte, abordaremos o título *ACONTECEU COM O CHICO,* para tentar ajudar na resposta.

Vamos refletir?

O beija-flor é um pássaro extremamente rápido. Mais parece um pensamento que voa. Entretanto, diante da flor que o alimenta e proporciona a vida, para extasiado e sorve o néctar, deslumbrado. A nossa vida é semelhante a uma flor de rara beleza e enigmático perfume. Por isso mesmo, é preciso fazer a devida pausa para refletirmos diante desta maravilha e aproveitá-la mais e melhor. Sorvamos o néctar desses pensamentos:

"Não há fé inabalável, senão aquela que pode encarar face a face a razão, em todas as épocas da Humanidade"- Allan Kardec

"A ciência sem a religião é paralítica. A religião sem a ciência é cega." - Albert Einstein

"Há duas coisas infinitas: O universo e a tolice dos homens." - Albert Einstein

"O que se faz preciso é estabelecer a diferença entre

religião e religiões. *A religião é o sentimento divino que prende o homem ao Criador.* As religiões são organizações dos homens, falíveis e imperfeitas como eles próprios; dignas de todo o acatamento, pelo sopro de inspiração superior que as fez surgir, são como gotas de orvalho celeste, misturadas com os elementos da terra em que caíram." - Emmanuel

"A ciência no mundo é um conjunto de afirmações provisórias do cérebro, a caminho da sabedoria." - Emmanuel

"A religião na Terra é um acervo de revelações parciais do Céu para o coração, a caminho do amor." - Emmanuel

"Se os médicos fracassam na maioria das doenças, é que tratam o corpo sem a alma, e que, o todo não estando em bom estado, é impossível que a parte se porte bem." - Sócrates e Platão.

Aconteceu com o Chico

Dentre os inúmeros fatos maravilhosos em que a espiritualidade demonstrou sua intervenção no mundo dos encarnados, destacamos um denominado A MEDICAÇÃO PELA FÉ. Vamos reproduzi-lo na sua íntegra:

"A moça abatida, num acesso de tosse, chegara ao Centro Espírita "Luiz Gonzaga" com a receita médica.

Estava tuberculosa.

Duas hemoptises já haviam surgido como horrível prenúncio.

O doutor indicara remédios, entretanto...

— Chico, - disse a doente - o médico me atendeu e aconselhou-me a usar esta receita por trinta dias... Mas, não tenho dinheiro. Você poderia arranjar-me uns cobres?

O médium respondeu com boa vontade:

— Minha filha, hoje não tenho... E meu pagamento no serviço ainda está longe...

— Que devo fazer? Estou desarvorada...

Chico pensou, pensou, e disse-lhe:

— Você peça à nossa Mãe Santíssima socorro e o

socorro não lhe faltará. A que horas você deve fazer a medicação?

— De manhã e à noite.

— Então, você corte a receita em sessenta pedacinhos. Deixe um copo de água pura na mesa, em sua casa e, no momento de usar o remédio, rogue a proteção de Maria Santíssima.

Tome um pedacinho da receita com a água abençoada em memória dela e repetindo isso duas vezes por dia, no horário determinado, sem dúvida, pela fé, você terá usado a receita.

A enferma agradeceu e saiu.

Passado um mês, a moça surgiu no Centro, corada e refeita.

— Oh! é você? - disse o médium.

— Sim, Chico, sou eu. Pedi o socorro de Nossa Mãe Santíssima. Engoli os pedacinhos do papel da receita e estou perfeitamente boa.

— Então, minha filha, vamos render graças a Deus.

E passaram os dois à oração."

Continuando a nossa busca do esclarecimento sobre a cura pela fé, o que você acha que aconteceu nesse caso que se passou com o querido Chico Xavier?

Teria ocorrido o chamado milagre ou seria a participação da Espiritualidade amiga no serviço de socorro aos encarnados?

Já veremos logo adiante.

Existe milagre?

Milagre seria a ocorrência de uma coisa admirável, extraordinária, surpreendente, não explicável pelas leis da Natureza.

Veja bem: não explicável pelas leis da Natureza.

Vamos raciocinar. Primeira pergunta: conhecemos todas as leis da Natureza que é uma manifestação do próprio Deus?

Creio que você concorda comigo que a resposta é não. Muito pelo contrário, estamos muito longe desse conhecimento, engatinhando nos caminhos da evolução, como nos encontramos.

Segunda pergunta: não é certo que o homem tem a tendência de nomear aquilo que desconhece como sobrenatural?

Pronto. Está aí a fórmula para a crença no milagre.

O milagre, na concepção espírita, não existe, porque implicaria na modificação das Leis absolutamente perfeitas de Deus.

Aquilo que é perfeito não necessita de mudanças. Não é isso que dizemos quando afirmamos que em time que está ganhando não se mexe?

Se um país tivesse leis absolutamente perfeitas como são as de Deus, seus códigos não teriam que ser modificados. Já seriam perfeitos. No entanto, de tempos em tempos, há a necessidade de se rever essas leis para aperfeiçoá-las.

Sendo as leis da Natureza de perfeição absoluta, não necessitam ser modificadas, portanto, não existe o milagre no sentido da derrogação dessas mesmas leis.

O que falta é diminuir o orgulho e reconhecer que não conhecemos a imensa maioria das coisas deste Universo infinito. Entendendo assim, deixaremos de nomear como sobrenatural aquilo que é absolutamente natural.

A "sobrenaturalidade" dos fenômenos é um recurso para ocultar a grande dose de ignorância em que estamos sobre os fatos da vida infinita.

Recordemos Kardec no livro *A Gênese*, cap. XIII, item 15 e 16:

"Quanto aos milagres propriamente ditos, Deus, visto que nada lhe é impossível, pode fazê-los. Mas, fá-los? Ou, por outras palavras; derroga as leis que dele próprio emanaram? Não cabe ao homem prejulgar os atos da Divindade, nem os subordinar à fraqueza do seu entendimento. Contudo, em face das coisas divinas, temos, para critério do nosso juízo, os atributos mesmos de Deus. Ao poder soberano reúne ele a soberana sabedoria, donde se deve concluir que não faz coisa alguma inútil.

Por que, então, faria milagres? Para atestar o seu poder, dizem. Mas, o poder de Deus se manifesta de maneira muito mais imponente pelo grandioso conjunto das obras da criação, pela sábia previdência que essa criação revela, assim nas partes mais gigantescas, como nas mínimas, e pela harmonia das leis que regem o Universo, do que por algumas pequeninas e pueris derrogações que todos os prestímanos sabem imitar? Que se diria de um sábio mecânico que, para provar a sua habilidade, desmantelasse um relógio construído pelas suas mãos, obra-prima de ciência, a fim de mostrar que pode desmanchar o que fizera? Seu saber, ao contrário, não ressalta muito mais da regularidade e da precisão do movimento da sua obra?

Não sendo necessários os milagres para a glorificação de Deus, nada no Universo se produz fora do âmbito das leis gerais. Deus não faz milagres, porque, sendo, como são, perfeitas as Suas leis, não lhe é necessário derrogá-las."

Se quisermos acrescentar a opinião da maior inteligência do século XX, o cientista Albert Einstein, lembramos a sua afirmação de que "Deus não joga dados com o Universo". Ou seja, tudo é tão maravilhosamente perfeito que não tem necessidade de ser modificado. Não é necessário o milagre como sinônimo da mudança das Leis de perfeição absoluta.

Então, a cura alcançada pela jovem da história narrada, tendo como intermediária a figura inesquecível de Chico Xavier, não alcançou um milagre ou uma graça como se costuma dizer.

O que teria então acontecido?

Mude de página e continuaremos a nossa procura pela resposta. A CURA PELA FÉ: SIM OU NÃO?

Podem os espíritos curar?

Muitas pessoas acreditam que os Espíritos vivem num mundo à parte do nosso e muito distante. Além disso, essas pessoas entendem que os desencarnados são seres que não podem atuar sobre o mundo físico, por não possuírem mais a vestimenta orgânica. Por isso não creem que eles possam agir sobre o mundo físico. Como um Espírito, que não tem mais a matéria, pode agir sobre a matéria? Isso é invenção de espíritas, dizem. Entretanto, acreditam firmemente na ação do denominado "Espírito Santo", que também não é material. Fica, então, a pergunta: será que não acreditam na ação dos Espíritos ou a implicância é com os espíritas, para variar?

Bom, deixemos essas pessoas com as suas dúvidas porque chegará o tempo de elas crerem.

Allan Kardec nos esclarece que "Os Espíritos exercem, sobre o mundo moral e mesmo sobre o mundo físico, uma ação incessante. Agem sobre a matéria e sobre o pensamento, e constituem uma das forças da Natureza, causa eficiente de uma multidão de fenômenos, até agora inexplicados, ou mal explicados, e que não encontram uma solução racional senão no Espiritismo."

Na questão de número 459 de *O Livro dos Espíritos*, o Codificador recebe a informação de que os Espíritos influem sobre os nossos pensamentos e as nossas ações a ponto de serem eles que nos dirigem frequentemente.

Na questão de número 536 do mesmo livro, Kardec interroga aos Espíritos Superiores se os desencarnados têm uma ação sobre a matéria sendo agentes da vontade de Deus, exercendo sua influência para agitar, acalmar ou dirigir. A resposta não deixa dúvidas: "Mas é evidente e não pode ser de outra forma. Deus não se consagra a uma ação direta sobre a matéria; tem seus agentes devotados em todos os graus da escala dos mundos."

Vemos assim, que os Espíritos agem, sim, sobre o mundo físico. Eles não estão longe de nós, mas muito pelo contrário. O mundo deles interage com o nosso, permitindo essa interferência.

Vamos, então, a uma pequena amostra da ação dos Espíritos sobre o "intocável" mundo dos encarnados. É o Chico Xavier quem conta: "Há tempos, numa sessão do "Luiz Gonzaga", quando estávamos psicografando e na fase final, observei que um irmão na assistência trazia o coração por um fio.

Tratava-se de alguém residente em Belo Horizonte, que viera ver-me, se bem que se achasse gravemente enfermo.

Apelei para o bondoso Emmanuel para que não deixasse o querido companheiro desencarnar ali, em plena sessão, o que iria trazer certa emoção para os presentes e, talvez, motivos para os adversários do Espiritismo culparem-no como o causador de tudo...

Observei que os caros Mentores, à frente meu Guia,

começaram a medicar o irmão enfermado.

Terminada a reunião, foi mesmo amparado pelos companheiros da Terra e do Espaço para a gare da Estação local. Quando lhe transpunha a roleta, caiu fulminado por uma síncope cardíaca e desencarnou.

Os irmãos do Alto deram-lhe assistência e evitaram-nos possíveis e graves complicações..."

Eis aí uma pequena intervenção do mundo espiritual sobre o mundo físico, mais especificamente sobre a saúde de um enfermo grave.

Há mais nas obras de André Luiz, psicografia do próprio Chico. Vamos transcrever uma pequena passagem narrada no livro *Obreiros da Vida Eterna,* em seu capítulo XVI. A narrativa é do Espírito André Luiz:

"Reparei que Jerônimo e Aristeu passaram a aplicar passes longitudinais no enfermo, observando que deixavam as substâncias nocivas à flor da epiderme, abstendo-se de maior esforço para alijá-las de vez. Finda a operação, indaguei dos motivos que os levavam a semelhante medida.

— Está muito enfraquecido, agonizando quase - informou o meu dirigente - e fazemos o possível por beneficiá-lo, sem lhe aumentar o cansaço. As substâncias retidas nas paredes da pele serão absorvidas pela água magnetizada do banho, a ser usado em breves minutos.

Efetivamente, atendendo à influenciação dos amigos espirituais que lhe davam intuições indiretamente, Fábio dirigiu-se à esposa, expressando o desejo de leve banho morno, no que foi atendido em reduzidos instantes.

Jerônimo e Aristeu ministraram à água pura certos agentes de absorção e ampararam a delicada senhora, que, por sua vez, auxiliou o marido a banhar-se, como se estivesse satisfazendo o desejo de uma criança.

Notei, admirado, que a operação se fazia acompanhar de salutaríssimos efeitos, surpreendendo-me, mais uma vez, ante a capacidade absorvente da água comum. A matéria fluídica prejudicial fora integralmente retirada das glândulas sudoríparas.

Terminado o banho, o enfermo voltou ao leito, em pijama, de fisionomia confortada e espírito bem disposto."

Aqui vemos a ação dos Espíritos sobre o próprio paciente através dos passes, como também magnetizando a água do banho que se transformou em outra fonte de auxílio na atividade socorrista.

Mas continuemos com mais alguns exemplos que os livros da série ditada pelo Espírito André Luiz, através da abençoada mediunidade de Chico Xavier nos deixou, comprovando a ação dos Espíritos sobre os encarnados. O caso foi narrado no livro *Nos Domínios da Mediunidade*:

"Sem descurar dos nossos objetivos de estudo, Áulus considerou a conveniência de nosso contacto direto com o serviço em ação. Seria interessante para nós a auscultação de algum dos casos em foco.

Para isso, aproximou-se de idosa matrona que acabava de entrar, à cata de auxílio e, com permissão de Conrado, convidou-nos a examiná-la com o cuidado possível.

A senhora, aguardando o concurso de Clara, sustentava-se dificilmente de pé, com o ventre volumoso e o semblante dolorido.

— Observem o fígado!

Utilizamo-nos dos recursos ao nosso alcance e passamos a analisar.

Realmente, o órgão mencionado demonstrava a dilatação característica das pessoas que sofrem de insuficiência cardíaca. As células hepáticas pareceram-me vasta colmeia, trabalhando sob enorme perturbação. A vesícula congestionada impeliu-me a imediata inspeção do intestino. A bile comprimida atingira os vasos e assaltava o sangue. O colédoco interdito facilitava o diagnóstico. Ligeiro exame da conjuntiva ocular confirmava-me a impressão.

A icterícia mostrava-se insofismável.

Após ouvir-me, Conrado reafirmou:

— Sim, é uma icterícia complicada. Nasceu de terrível acesso de cólera, em que nossa amiga se envolveu no reduto doméstico. Rendendo-se, desarvorada, à irritação, adquiriu renitente hepatite, da qual a icterícia é a consequência.

— E como será socorrida?

Conrado, impondo a destra sobre a fronte da médium, comunicou-lhe radiosa corrente de forças e inspirou-a a movimentar as mãos sobre a doente, desde a cabeça até o fígado enfermo.

Notamos que o córtex encefálico se revestiu de substância luminosa que, descendo em fios tenuíssimos, alcançou o campo visceral.

A senhora exibiu inequívoca expressão de alívio, na expressão fisionômica, retirando-se visivelmente satisfeita, depois de prometer que voltaria ao tratamento.

Hilário fixou os olhos interrogadores no Assistente que nos acompanhava, solícito, e indagou:

— Nossa irmã está curada?

— Isso é impossível - acentuou Áulus, paternal -, temos aí órgãos e vasos comprometidos. O tempo não pode ser desprezado na solução.

— E em que bases se articula semelhante processo de curar?

— O passe é uma transfusão de energias, alterando o campo celular. Vocês sabem que na própria ciência humana de hoje, o átomo não é mais o tijolo indivisível da matéria... que, antes dele, encontram-se as linhas de força, aglutinando os princípios subatômicos, e que, antes desses princípios, surge a vida mental determinante... Tudo é espírito no santuário da Natureza. Renovemos o pensamento e tudo se modificará conosco. Na assistência magnética, os recursos espirituais se entrosam entre a emissão e a recepção, ajudando a criatura necessitada para que ela ajude a si mesma. A mente reanimada reergue as vidas microscópicas que a servem, no templo do corpo, edificando valiosas reconstruções. O passe, como reconhecemos, é importante contribuição *para quem saiba recebê-lo* (destaque do autor), com respeito e a confiança que o valorizam."

Podem ou não podem os Espíritos agir sobre a matéria? Os exemplos citados narrados por André Luiz, nos apresentam de forma bastante clara a intervenção dos desencarnados em favor daqueles que ainda estão dentro de um corpo material.

Podem ou não podem curar?

Aí depende. Vamos aprender com Jesus quando a cura pode ocorrer. Dê um salto para a próxima página.

QUANDO PODEM OS ESPÍRITOS CURAR

Não penseis que vim destruir a lei ou os profetas; eu não vim destruí--los, mas dar-lhe cumprimento; porque eu vos digo em verdade que o céu e a Terra não passarao antes que tudo o que está na lei seja cumprido perfeitamente, até um único jota e um só ponto. (Mateus, cap. V, v. 17 e 18)

Jesus é bastante claro quando afirma que não veio destruir ou descumprir as leis de Deus, mas muito pelo contrário, dar-lhes cumprimento.

Ora, em consequência disso, o processo de cura através de Jesus como dos Espíritos amigos, não pode se pôr contra aquilo que determinam essas leis.

Quando alguém solicita por um socorro da espiritualidade na hora da dor maior diante de uma enfermidade, duas coisas serão analisadas: se o que está sendo pedido não se coloca contra a Lei e se existe o mérito para obter o solicitado.

O que é não se pôr contra a Lei? É verificar se o que está sendo pedido não compromete as provas ou expiações que estavam previstas no retorno daquele Espírito. É analisar se o benefício da cura do corpo não se traduzirá em prejuízo para a moral do espírito imortal. Entre o físico curado e a alma comprometida, a Justiça de Deus sempre faz opção pela segunda porque essa é a parte imortal. O corpo curado caminha inevitavelmente para a morte, mais dia, menos dia. Essa colocação é muito difícil de ser compreendida quando se pede pela cura do mal que nos aflige o corpo, porque o temor da morte física coloca a pessoa em angústia muito grande, fazendo com que ela busque a cura desse corpo. Quanto menos certeza de que a vida continua para além da fronteira do túmulo, mais desespero diante da moléstia mais grave.

Recordemos a comunicação do Espírito Vianney, cura d'Ars, em Paris, 1863:

"Meus bons amigos, por que me haveis chamado? É para me fazer impor as mãos sobre a pobre sofredora que está aqui, e a cure? Ah! que sofrimento, bom Deus! Ela perdeu a vista e as trevas se fizeram para ela. Pobre criança! Que ore e espere; não sei fazer milagres, sem a vontade do bom Deus. Todas as curas que pude obter, e que vos foram assinaladas, não as atribuais senão àquele que é nosso Pai em tudo.

Em vossas aflições, portanto, olhai sempre o céu, e dizei, do fundo do vosso coração: "Meu pai, curai-me, *mas fazei que minha alma doente seja curada antes das enfermidades do corpo; que minha carne seja castigada, se preciso for, para que minha alma se eleve até vós com a brancura que tinha quando a criastes*".

Depois desta prece, meus bons amigos, que o bom Deus ouvirá sempre, a força e a coragem vos serão dadas e, talvez, também a cura que não tereis pedido senão timidamente como recompensa da vossa abnegação."

Reparem a colocação bastante clara deste Espírito, em destaque no trecho anterior, quando ele ensina que a cura da alma é a mais importante, tão importante que ele se expressa dizendo que a carne seja castigada se preciso for para que a alma se purifique.

Vejamos outro ensinamento nessa mesma linha, agora da nobre Mentora Joanna de Ângelis: "Em alguns casos o sofrimento, em si mesmo, ainda é a melhor terapia para o progresso humano. Enquanto sofre, o homem menos se compromete, demorando-se em reflexão, de onde partem as operações de reequilíbrio. É comum a mudança de comportamento para pior, quando diminuem os fatores afligentes. Uma sede de comprometimento parece assaltar o indivíduo imaturo, que parte para futuras situações penosas, complicando os parcos recursos de que dispõe. Desse modo, a duração do sofrimento muito contribui para uma correta avaliação dos atos a que ele se deve entregar."

Novamente o Espírito é colocado como o ser de preferência a ser medicado aqui na Terra. Muitas vezes o sofrimento do corpo é o remédio necessário naquele momento da vida imortal daquele Espírito.

A visão do mundo espiritual nem sempre coincide com a nossa maneira de ver, aqui na Terra. Para Deus e para os Espíritos Superiores, a enfermidade, o sofrimento em geral trabalha a parte mais importante do ser que é o Espírito imortal. Se curar o corpo implicar em deixar o Espírito doente, a situação fica muito delicada podendo, na maioria das vezes, beneficiar o ser espiritual em detrimento do ser material.

Vejamos um exemplo vivenciado por Divaldo P. Franco:

"Ele fora convidado para visitar um senhor, que tivera derrame cerebral e, em consequência, estava hemiplégico. Quando ali chegou, encontrou ao lado do enfermo relativamente moço ainda, forte, bonitão, aparentando trinta e poucos anos, semiparalisado, a esposa chorosa, abraçada aos três filhinhos queridos e queixando-se muito das injustiças dos órgãos previdenciários. Dizia que, na hora da enfermidade, o segurado recebia menos, um salário insuficiente, quando então precisaria de mais ajuda, porque a família teria que ser mantida e havia ainda o acréscimo dos remédios, na defesa da saúde. Depois dessas queixas todas, pediu a Divaldo rogar aos Bons Espíritos interferirem no quadro, liberando o esposo daquela situação dolorosa. Divaldo aquiesceu e concentrou-se, entrando em oração. A leitura de *O Evangelho* foi feita e ele começou a aplicar o passe. Aí, nesse instante, vislumbrou o Espírito Dr. Bezerra de Menezes e perguntou-lhe comovidamente quais os prognósticos para o enfermo. O generoso benfeitor respondeu-lhe que, o melhor remédio para aquele irmão seria mesmo a doença bem prolongada; que deveríamos pedir a Deus lhe desse forças para suportar a enfermidade, mas não lhe rogar a cura, quando não pudéssemos saber o que de fato lhe seria melhor e mais útil. Divaldo redarguiu, dizendo ao Benfeitor 'como era possível que o remédio melhor para ele, chefe de família, com tantas responsabilidades, pudesse ser aquela enfermidade?!'

Confessou não entender-lhe a afirmativa... O Dr. Bezerra confirmou-lhe o dito, despedindo-se em seguida. O jovem médium voltou várias vezes a aplicar passes no enfermo, que também fazia fisioterapia, seguindo rigorosamente as instruções médicas. Divaldo passou a fazer o culto do Evangelho naquele lar. Então o doente foi recuperando-se até que se restabeleceu!

Uma vez restabelecido, esse senhor ficou muito afervorado, não propriamente ao Espiritismo, mas aos efeitos mediúnicos, passes, etc., e passou a frequentar as reuniões públicas do centro. Era grande o seu entusiasmo, grande também a sua dedicação. O "Caminho da Redenção" tem três sessões doutrinárias públicas e ele ia às três. Algum tempo depois, passou a ir apenas a duas; mais tarde, a uma e, por fim, aparecia por lá uma vez ou outra... Assim, era natural também que, com o passar do tempo, a sua ausência não mais fosse notada. Um ano e pouco depois, Divaldo encontrou-o na rua. Talvez porque a sua presença lhe recordasse um compromisso que ele se propusera assumir e não levara adiante, tentou justificar-se, dizendo que a doença o havia feito contrair muitos débitos e, para ressarci-los, estava trabalhando triplicadamente, inclusive no período da noite; por isso, não estava indo ao centro, mas, tão logo reequilibrasse a situação, voltaria a frequentar as sessões. Divaldo, um pouco constrangido, disse que estava tudo certo; nada mais a dizer, despediram-se.

Com o passar do tempo, o ex-enfermo amealhou bons recursos. Tinha uma casa na cidade, comprou outra na praia e, depois, um sítio. Comprou, em seguida, um carro, mais outro ainda e, nessa volúpia de acumular haveres (que Joanna de Ângelis compara à água do mar, que, 'quanto mais se sorve, mais aumenta a sede') ele se deixou fascinar também por outras ilusões. Vinculou-se então a uma senhora, com quem passou a manter relações extraconjugais o que lhe traria um problema muito sério. Tais notícias, infelizmente, viajam. E viajam tanto que, às vezes, chegam até ao nosso conhecimento. Isto, embora sempre evitemos inteirar-nos da vida do próximo, principalmente dos seus problemas e ângulos negativos. Foi o que disse Divaldo, acrescentando ainda que, em verdade, esquecera mesmo aquele cavalheiro.

Um dia, lendo o jornal casualmente, Divaldo viu-lhe a fotografia, ficando até eufórico, ante a aparente promoção social. Mas, quando leu a notícia, foi tomado por um grande drama de dor. A nota contava, e com grande manchete, que ele acabara de assassinar a esposa. Em acalorada discussão por causa da amante a que se vinculara, ele desequilibrou-se emocionalmente, sacou da arma e tirou a vida da esposa e companheira de tantos anos. Era o desfecho trágico do infeliz triângulo amoroso!

Divaldo fechou o jornal e procurou então orar por ele, pela vítima e pela causadora inconsequente de toda a tragédia. E, quando estava a orar, apareceu-lhe o Espírito Dr. Bezerra, que lhe declarou:

— Não lhe disse, meu filho, que a ele, ao nosso irmão do jornal, aquela enfermidade ainda seria o melhor remédio para a sua real saúde? Aprenda a lição!..."

Estão vendo como é complicada a cura que buscamos, muitas vezes com angústia, cobrando intimamente uma resposta favorável dos Espíritos e da Providência Divina?

O que fazer, então, é a pergunta inevitável?

Pedir ajuda, mas entregando-se com resignação ao Criador porque não conhecemos quando podemos obter o que pedimos e muito menos se aquilo convém a cada um de nós, analisado do ponto de vista dos Espíritos imortais.

Vamos ver um exemplo encontrado no livro *Entre a Terra e o Céu*, do Espírito André Luiz, psicografia de Chico

Xavier que nos fala sobre a Lei maior agindo também na possibilidade de cura:

"Alcançáramos a orla do mar, em plena noite.

A movimentação da vida espiritual era aí muito intensa.

Desencarnados de várias procedências reencontravam amigos que ainda se demoravam na Terra, momentaneamente desligados do corpo pela anestesia do sono. Dentre esses, porém, salientava-se grande número de enfermos.

Anciães, mulheres e crianças, em muitos aspectos diferentes, compareciam ali, sustentados pelos braços de entidades numerosas que os assistiam.

Conversações edificantes e lamentos doloridos chegavam até nós.

Serviços magnéticos de socorro urgente eram improvisados aqui e além... E o ar, efetivamente, confrontado ao que respirávamos na área da cidade, era muito diverso.

Brisas refrescantes sopravam de longe, carreando princípios regeneradores e insuflando em nós delicioso bem estar.

— O oceano é miraculoso reservatório de forças - elucidou Clarêncio, de maneira expressiva - até aqui, muitos companheiros de nosso plano trazem os irmãos doentes, ainda ligados ao corpo da Terra, de modo a receberem refazimento e repouso.

Enfermeiros e amigos desencarnados desvelam-se na reconstituição das energias de seus tutelados.

Qual acontece na montanha arborizada, a atmosfera marinha permanece impregnada por infinitos recursos de vitalidade da Natureza. O oxigênio sem mácula, casado às emanações do planeta, converte-se em precioso alimento de nossa organização espiritual, principalmente quando ainda nos achamos direta ou indiretamente associados aos fluidos da matéria mais densa.

Passávamos agora na vizinhança de uma dama extremamente abatida, quase em decúbito dorsal à frente das águas, recolhendo o auxílio magnético de um benfeitor que se iluminava no serviço da oração.

Clarêncio deixou-nos por momentos, conversou algo com um amigo, a pequena distância, e regressou, informando:

— Trata-se de irmã do nosso círculo pessoal, assediada pelo câncer. Foi retirada do veículo físico, através da hipnose, a fim de obter a assistência que lhe é necessária.

— Mas - objetei, curioso - esse tipo de tratamento pode sustar o desequilíbrio das células orgânicas? A doente conseguirá curar-se, de modo positivo?

O Ministro sorriu e aclarou:

— Realmente, na obra assistencial dos espíritos amigos, que interferem nos tecidos sutis da alma, é possível, quando a criatura se desprende parcialmente da carne, a realização de maravilhas.

Atuando *nos centros do perispírito* (destaque do autor), por vezes efetuamos alterações profundas na saúde dos pacientes, alterações essas que se fixam no corpo somático, de maneira gradativa. Grandes males são assim corrigidos, enormes renovações são assim realizadas. *Mormente quando encontramos o serviço da prece na mente enriquecida pela fé* (destaque do autor) transformadora, facilitando-nos a intervenção pela passividade construtiva do campo em que devemos operar, a tarefa de socorro concretiza verdadeiros milagres. *O corpo físico é mantido pelo corpo espiritual* (destaque do autor) a cujos moldes se ajusta e, desse modo, a influência sobre o organismo sutil é decisiva para o envoltório de carne, em que a mente se manifesta.

Nesse ponto das explicações, porém, o Ministro abanou a cabeça e ajuntou:

— *Nossa ação, contudo, está subordinada à lei que nos rege* (destaque do autor)".

Esse trecho de André Luiz é bastante rico em informações que procuramos destacar. Vamos enumerá-las para que fiquem bem didáticas:

1.ª) A primeira delas é a ação dos Espíritos sobre os encarnados, através do perispírito. Podemos concluir que é possível, portanto, os Espíritos voltados ao Bem, ao socorro, agir, sim, em nosso favor, ocasião em que trabalham sobre o perispírito que, por sua vez, acaba por transferir ao corpo material o socorro recebido porque "o corpo físico é mantido pelo corpo espiritual".

2.ª) Outra conclusão importante é o meio através do qual isso se processa: ação sobre o perispírito e não diretamente sobre o corpo físico, voltamos a destacar esse ponto! Portanto, em nossa opinião, as cirurgias espirituais não se fazem através de objetos cortantes, bisturis, tesouras, sobre o corpo material. Para isso, existe a medicina da Terra, como ensinava Chico Xavier. Se a cirurgia é espiritual, ou seja, executada pela ação dos Espíritos, ela deve agir no perispírito, sendo as intervenções depois assimiladas pelo corpo de carne, conforme nos ensina o texto destacado anteriormente.

3.ª) É necessário observar, também, a importância da prece que fornece condições indispensáveis para a ação dos Espíritos socorristas. A prece sincera, que nasce na profundidade dos sentimentos, eleva o necessitado até o socorro de que ele necessita, facilita a vinda do amparo do plano espiritual até o encarnado e fornece as condições para que os Espíritos amigos trabalhem em nosso favor.

4.ª) Desse trecho também queremos destacar a afirmativa que vai ser muito útil na compreensão dos assuntos que virão, ao informar que o corpo espiritual (perispírito) serve de molde para o corpo de carne. Esse entendimento é absolutamente indispensável. Fixem bem esse ensinamento de André Luiz porque ele será muito útil na compreensão dos capítulos que virão.

5.ª) E, finalmente, a conclusão maior para este capítulo na afirmação do Ministro, que repetimos para enfatizar:

> – *Nossa ação, contudo, está subordinada à lei que nos rege.*

Lembram-se de quando dissemos, no início deste capítulo, que Jesus afirmou que não vinha destruir a Lei? Pois, então. Se ele não se sentiu no direito de destruí-la, como nós, simples seres imperfeitos queremos ter o direito de prometer a cura para alguém, se não sabemos a situação dessa pessoa diante da Lei?

Por isso, a Doutrina Espírita prefere jogar limpo com aquele que busca o socorro, nada prometendo, mas depositando o pedido da pessoa necessitada nas mãos dos Espíritos Superiores que conhecem a Lei muito melhor do que nós.

Em resumo, diante de um pedido de cura, a Espiritualidade precisa analisar a Lei de Causa e Efeito, para verificar se estamos liberados por ela ou não; precisa, também, analisar o mérito de quem pede e as consequências do atendimento daquele pedido.

Se nem Jesus se considerou na posição de descumprir a Lei, ninguém mais poderá fazê-lo.

Como ficamos, então, diante da questão da cura pela fé?

Ficamos assim: continuaremos estudando a pergunta nas próximas páginas.

MORATÓRIA

Você sabe o que é uma moratória?

Segundo o dicionário, moratória é uma dilação (dilatação) de prazo dada pelo credor ao devedor para pagamento de uma dívida.

O que isso tem a ver com o processo de cura, você deve estar indagando nesse momento.

Muita coisa. A moratória pode ocorrer também, partindo dos planos elevados da espiritualidade e alcançando os encarnados que a ela façam por merecer.

Newton Boechat, um dos grandes oradores espíritas deste país, desencarnado em 1990, assim narra um episódio desses:

"Costuma-se dizer na linguagem popular que 'o que morre na véspera é peru'. Porém, em face das informações que nos têm chegado de entidades preclaras, cultas, substanciosas, sabemos que a criatura pode desencarnar, antes, durante ou depois. Aqueles que enfraquecem as suas organizações espirituais e que se tornam desmazelados de corpo e alma, sacam por antecipação do fluido vital e podem se descartar do corpo fora da ocasião em que teriam que fazê-lo por um processo harmonioso. Como também poderá dar-se o caso em que, tendo uma tarefa de natureza coletiva, o espírito obtém uma moratória através de fluidos de empréstimos que seres generosos lhe possam dar, em reuniões próprias de efeitos físicos e, assim, recarregar as baterias, a fim de que se alongue no corpo físico. Podemos citar o exemplo do professor Ismael Gomes Braga, que estava nos seus 64 a 65 anos, muito doente, quase às portas da desencarnação, quando procurou o Centro Espírita Luiz Gonzaga, em Pedro Leopoldo (MG), e Emmanuel, através de Chico Xavier, disse-lhe que ele receberia uma suplementação de energia vital, em grupo de materialização e efeitos físicos no Rio de Janeiro, a fim de que se lhe alongasse a existência por mais de 20 anos, para que ele pudesse ampliar a sua tarefa no campo do Esperanto e da Doutrina Espírita. Pois bem, o nosso professor que, naquela ocasião estava bastante desfalcado de sua saúde, foi se recompondo devagarzinho, em atividades próprias de mediunidade, com transfusão de energias físicas de companheiros saudáveis para ele e viveu 85, 86 anos, de atividades carnais."

Eis aí o depoimento de Newton Boechat, um espírita que honrou a Doutrina dos Espíritos.

É importante frisar que a moratória leva em consideração o papel de importância no campo do Bem que o beneficiado está exercendo. É o papel do mérito que comentamos no capítulo anterior.

Sobre esse aspecto, recordemos mais uma passagem com o homem-Amor, Chico Xavier, ocorrido com o dedicado médium psicofônico, João Moutinho:

"Esse dedicado servidor da mediunidade com Jesus, aos oitenta e sete anos, continuava firme em seu posto de honra nas atividades espiritistas. Todavia trazia graves problemas de saúde, e isso era motivo para questionar se deveria ou não permanecer na tarefa mediúnica.

Vindo à minha casa, disse-me que perguntaria ao Chico, relativamente ao assunto.

Realmente, lá chegando, indagou ao inestimável benfeitor:

– Chico, estou com a vida por um fio. Você não acha que estou na hora de parar?

– Ora, João, não pare, não!... O Dr. Bezerra está me dizendo que, quando a nossa vida está por um fio, quanto mais a gente trabalha *mais o fio engrossa...*"

Sempre receber auxílio dos Espíritos amigos, na confiança de merecer o socorro, dando cumprimento àquilo que determina a Lei.

Se você achou o assunto da moratória interessante, verifique como está a grossura do seu fio, meu amigo e minha amiga e trabalhe ainda mais.

Como estamos falando em moratória, precisamos lembrar que ela também se aplica quando ocorrem acidentes que é uma maneira de se deixar a vida física. Nessa ocasião a moratória impede o desencarne daquela pessoa que está desenvolvendo um trabalho expressivo no campo do bem.

Raul Teixeira, um dos grandes exemplos de espírita de nosso país, orador consagrado em terras brasileiras e no exterior, assim descreve a própria moratória:

"Em 1986, fui partícipe de um acidente automobilístico

muito grave que se deu quando realizava uma tarefa de palestra no interior do Estado do Mato Grosso.

Estava visitando a região de Cáceres, para a instalação da União Espírita Regional que teria sede nessa cidade e, desde a véspera, encontrava-me fazendo visitas de pregação a cidades próximas.

No domingo do acidente, visitei as cidades de São José dos Quatro Marcos e Mirassol d'Oeste, para voltarmos a Cáceres, a fim de proferir a terceira palestra do dia, já que uma fora às nove horas da manhã, a outra às quinze horas e estávamos voltando para Cáceres para fazer a palestra das dezenove horas e empossar o nosso companheiro Luis Assad na presidência da União Espírita Regional da Federação de Mato Grosso.

No retorno para Cáceres, sofremos um acidente automobilístico. O carro em que nos encontrávamos foi violentamente atingido por uma camionete do tipo C10, o que fez com que capotássemos três vezes, depois de um golpe surdo horrível, e o carro ficasse de rodas para cima no meio da estrada. Tive a chance de sair do veículo, mas o meu confrade e amigo Luis Assad, que seria empossado naquela noite, desencarnou.

Foi para mim motivo de muita consternação, de muita tristeza, até que os Espíritos levantaram os motivos daquela ocorrência e vim a saber que, naquela ocasião, os Amigos Espirituais ligados ao nosso trabalho, coordenados pela figura de minha mãe no além, intercederam junto aos Benfeitores Maiores para que eu pudesse permanecer encarnado dando continuidade à tarefa, aos compromissos com a Doutrina Espírita, que até ali estavam bem encaminhados, graças a Deus. Por isso, os Espíritos Benfeitores receberam aval das Esferas Mais Altas para que eu ficasse em regime de moratória, ao passo que o nosso companheiro Luis Assad tinha outras necessidades que não o deixaram continuar no corpo físico."

A moratória, nesse caso, não visa à cura de uma enfermidade, mas tem o objetivo comum com o outro tipo de moratória de evitar o desencarne. Vemos que o pedido teve que subir a planos mais elevados para a devida análise quanto às questões que já levantamos anteriormente: não descumprir a Lei, o mérito e as consequências para a vida moral do Espírito poupado.

Podemos também extrair algumas lições do fato narrado por Raul Teixeira. Se o pedido de moratória precisou da consulta a Esferas Mais Altas, como podem determinadas religiões garantir a cura milagrosa para os seus profitentes? Confundem-se em prometer milagres que não existem, conforme já vimos, por implicarem em alterações de Leis perfeitas, e enganam-se quando prometem nessa dimensão da vida aquilo que somente Esferas Mais Altas podem deliberar, justamente para não "destruir a Lei", tal como Jesus se referiu. Se, como já mencionamos anteriormente, nem ele se achou nesse direito, o que dizer de nós, criaturas extremamente imperfeitas. Por isso, o Espiritismo procede de maneira honesta com todos aqueles que o procuram na busca do socorro de que necessitam: não prometer aquilo que somente os planos elevados da Vida podem determinar.

Como os exemplos é que arrastam, vamos a mais um caso de moratória com a nobre figura de Divaldo P. Franco. Muitas vezes reclamamos que a imprensa escrita e televisionada só divulgam tragédias, sem nos lembrarmos de que os responsáveis por isso somos nós mesmos. Sim.

A imprensa divulga o que vende e se nós "compramos" essas notícias com a nossa atenção, elas continuarão por aí até que modifiquemos o nosso gosto. Por isso, vamos divulgar mais essa moratória, com o propósito de passar para frente o que é bom, o que é construtivo, o que vale realmente a pena conhecer e ser divulgado.

O trecho foi retirado do livro *Compreendendo a Saúde Mental e Espiritual,* de Divaldo Pereira Franco, conforme consta da bibliografia:

"Eu tive uma parada cardíaca. Faz 16 anos. Caí. E, eu tenho um filho médico que me examinou e disse: "Uma parada cardíaca." Socorreu-me, começou a massagear--me e eu me senti fora do corpo. Então, disse assim: "Está morto." Eu achei uma maravilha. Se morrer era aquilo, que coisa fantástica! Porque eu estava vivíssimo. Teórica e tecnicamente eu sei disso. Mas ali eu estava vivenciando. Eu digo 'Meu Deus!' As pessoas começaram a chorar e eu fiquei contente, porque eu morri e choraram por mim. É coisa boa. Porque muita gente ri. Dizem: 'Ah, fulano morreu, que Deus o tenha!' Mas não choraram. E eu me senti bem. O meu guia espiritual tinha me contado: 'No dia em que você se sentir fora do corpo, falar com um, falar com outro, e ninguém responder, você morreu. Espere por mim que eu o levarei pra onde você tem que ir.' Eu digo, eu daqui não saio, enquanto Joanna de Ângelis não chegar. Mas ela não veio. Veio a minha mãe, que já era morta. E, então, eu perguntei: 'Minha mãe, eu já morri?' E ela disse: 'Ainda não.' Eu disse: 'Como ainda não?' 'Os guias estão estudando se você fica ou se você volta.' Eu disse: 'Vá lá depressa e peça pra eu voltar.' Que mãe é esta! Ela então foi, sumiu. Eu disse: 'E agora?' Daí a pouco, ela voltou: 'Meu filho, os guias disseram que você tem que voltar. Você vai viver.' Eu perguntei: 'Quantos anos?' Ela me disse: 'Eles não me disseram.' Na hora em que estava na angústia, eu disse: 'Meu Deus, dê-me dez anos. O que são dez anos para o Senhor? Para mim dez anos é muito, mas para o Senhor, dono da Eternidade, só dez anos!' De repente, eu voltei. Senti uma dor, tive um infarto do miocárdio. Fui levado para o pronto socorro cardiológico, etc... O meu cardiologista me disse: 'Divaldo, eu não vou poder cirurgiá-lo. O seu caso é muito grave.' Eu disse: 'Pois não.' Ele era materialista. 'Como você crê na imortalidade da alma, eu vou logo avisando: você vai ter dois meses de vida.' Eu digo: 'Não precisa de tanta sinceridade. Pode me enganar um pouco.' Ele disse é pra você se preparar, eu digo preparar pra quê? Eu fiquei debilitado, mudei todos os meus hábitos. Não podia falar. Não podia andar. Não podia descer a escada. Certo dia, tínhamos reunião. Eu estava deitado, sem me poder mexer. Quando apareceu o Espírito-guia Joanna. Olhou-me e perguntou: 'Que tens?' Eu disse: 'Minha irmã, eu estou 95% morto.' 'E vais à reunião?' 'Não senhora. Se eu levantar, eu morro. 'Qual é o problema, Divaldo? Tu estás 95% morto, não estás falando comigo que estou 100% morta? Levanta-te e vamos à reunião.' Eu disse que, se eu levantasse, eu morria. Muito bem. Levantei com muita dificuldade. Fui à reunião. Não podia respirar. A angina pectoris é pior do que parto com dor. Então, fui à reunião. Começamos a reunião. Eu fiz o transe. Perdi a consciência. Quando eu voltei, uma hora e meia depois, eu respirava bem. Havia psicografado, escrito. Havia recebido Espírito. Eu digo: 'Que milagre!' 'Quando aparece a Joanna: 'Como estás?' Eu disse: 'Agora 95% bem.' 'Para a cama!, para não jogar fora as energias que nós lhe demos.' Eu voltei para a cama. Meus amigos, o meu médico morreu. E eu fui ao enterro dele, fiz um discurso maravilhoso. Afinal foi ele que morreu. Eu agradeci a Deus por poupar-me a existência... Eu não ia discutir o gosto de Deus. Quando completei 8 anos... eu tenho um Espírito muito meu amigo (porque os Espíritos são gentis, são alegres, são maus. São as almas das pessoas da Terra.). O Espírito me disse: 'Divaldo, quantos anos já se passaram desde o enfarte?' Eu: '8 anos.' 'Eu vou dizer--te uma coisa: Tu não és nada inteligente.' Eu disse: 'Eu não sou gênio, mas também não sou nenhum idiota. Por que eu não sou inteligente?' Ele disse: 'Tu pediste a Deus 10 anos. Só faltam 2.' Eu disse: 'É verdade'. 'Vou dar-te um conselho. Nunca peças pouco a Deus. Sempre que pedires a Deus, peça muito. Porque se Ele estiver de mau humor e cortar a metade, a outra metade é abundância.'

Vemos dessa maneira com o fato grave que se passou com o Divaldo, narrado por ele de forma jocosa, mais uma moratória conseguida por um Espírito de altíssima cota de serviço no campo do Bem ao próximo. Sempre em jogo a lei do merecimento e a decisão final cabendo às elevadas esferas da Espiritualidade e não a homens comuns aqui da Terra.

Até agora falamos no que podemos receber, mas o que devemos fazer? E qual a nossa parte nesse processo pela cura?

É o que já iremos verificar no capítulo A PARTE DO DOENTE.

A PARTE DO DOENTE

Nada melhor para iniciarmos este assunto do que lembrarmos o ditado que diz 'Ajuda-te que o céu te ajudará'. E para isso, vamos relembrar uma passagem extremamente bonita e ilustrativa do que queremos dizer, contida no Evangelho Segundo o Espiritismo:

"Então, uma mulher, que havia doze anos sofria de uma hemorragia; - que sofrera muito nas mãos dos médicos e que, tendo gastado todos os seus haveres, nenhum alívio conseguira, - como ouvisse falar de Jesus, veio com a multidão atrás dele e lhe tocou as vestes, porquanto, dizia: Se eu conseguir ao menos lhe tocar as vestes, ficarei curada. - No mesmo instante o fluxo sanguíneo lhe cessou e ela sentiu em seu corpo que estava curada daquela enfermidade.

Logo, Jesus, *conhecendo a si mesmo a virtude que dele saíra,* se voltou no meio da multidão e disse: Quem me tocou as vestes? - Seus discípulos lhe disseram: Vês que a multidão te aperta de todos os lados e perguntas quem te tocou? - Ele olhava em torno de si à procura daquela que o tocara.

A mulher, que sabia o que se passara em si, tomada de medo e pavor, veio lançar-se-lhe aos pés e lhe declarou toda a verdade. - Disse-lhe Jesus: Minha filha, tua fé te salvou; vai em paz e fica curada da tua enfermidade." (Marcos, cap. V, vv. 25 a 34.)

Essa passagem ilustra de maneira maravilhosa a parte que cabe ao doente realizar. Podemos imaginar o que aquela pobre mulher passava quando um fluxo sanguíneo uterino constante a atormentava. Se hoje em dia a maioria das mulheres reclama do período menstrual que dura em média de cinco a sete dias, imaginemos aquela infeliz que sangrava sem cessar, sem os recursos de higiene íntima de que as mulheres de hoje dispõem. Além disso, naquele tempo, as mulheres, no período menstrual, eram tidas como imundas, com todas as consequências desse conceito machista e troglodita. Além disso, também, esse fluxo sanguíneo que não cessava, impunha à pobre mulher um processo de anemia crônica pela perda constante. Não devia ter forças para trabalhar em seus afazeres domésticos. A alimentação pobre pela situação financeira em que vivia, como uma mulher do povo, não propiciava a reposição adequada em recursos alimentares para corrigir-lhe a saúde pela perda sanguínea que não se interrompia. A medicina da época era precária se é que podemos considerar que ela existia. Tudo conspirava contra aquele ser que depositava em Jesus sua última esperança. Com uma determinação notável, ela busca por ele no meio de uma multidão que o comprimia por todos os lados. Entretanto, tamanha foi a sua fé nele que ela se transformou num imenso ímã de esperança. Sim, num imenso ímã capaz de atrair para ela os recursos energéticos que ele era capaz de dispensar. Tamanha foi a força dessa atração que, mesmo espremido por todos os lados pelas pessoas que buscavam por socorro, Jesus sente sair dele essa parcela de energia em direção de alguém. Isso é admirável. O Mestre sentiu que dele havia partido uma parcela de socorro em direção de alguém no meio de toda a multidão que o rodeava, tamanha era a fé dessa pessoa, reforçamos esse aspecto.

Vejamos as explicações contidas no livro *A Gênese*:

"Estas palavras: conhecendo em si mesmo a virtude que dele saíra, são significativas. Exprimem o movimento fluídico que se operara de Jesus para a doente; ambos experimentaram a ação que acabara de produzir-se. É de notar-se que o efeito não foi provocado por nenhum ato da vontade de Jesus; não houve magnetização, nem imposição das mãos. Bastou a irradiação fluídica normal para realizar a cura.

Mas, por que essa irradiação se dirigiu para aquela mulher e não para outras pessoas, uma vez que Jesus não pensava nela e tinha a cercá-lo a multidão?

É bem simples a razão. Considerado como matéria terapêutica, o fluido tem que atingir a matéria orgânica, a fim de repará-la; pode então ser dirigido sobre o mal pela vontade do curador, *ou atraído pelo desejo ardente, pela confiança, numa palavra: pela fé do doente.* Com relação à corrente fluídica, o primeiro age como uma bomba calcante e o segundo, como uma bomba aspirante. Algumas vezes, é necessária a simultaneidade das duas ações; doutras, basta uma só. O segundo caso foi o que ocorreu na circunstância de que tratamos."

É impressionante como Kardec decifra magistralmente o que se passou na ocasião, criando a imagem da *bomba calcante e da bomba aspirante.*

A fé da mulher era tamanha a ponto de funcionar como bomba aspirante sem a necessidade de Jesus desejar curá-la conscientemente. Eram tantos os aflitos que estavam em torno dele! Mas ela perpetuou-se na história da fé pelo seu poder imenso de atrair um recurso de cura sem que o socorrista, no caso Jesus, soubesse antecipadamente de sua presença no meio de tantos outros aflitos. Prova inquestionável desse fato é que ele para e pergunta quem o havia tocado. Essa passagem é de rara beleza na exemplificação do que pode a fé conseguir, quando adquire essa força.

Vamos voltar ao final dos comentários sobre a passagem anterior do livro *A Gênese*:

"Razão, pois tinha Jesus para dizer: 'Tua fé te salvou'. Compreende-se que a fé a que ele se referia não é uma virtude mística, qual a entendem muitas pessoas, mas uma verdadeira *força atrativa,* de sorte que aquele que não a possui opõe à corrente fluídica uma força repulsiva, ou, pelo menos, uma força de inércia, que paralisa a ação. Assim sendo, também se compreende que, apresentando-se ao curador dois doentes da mesma enfermidade, possa um ser curado e outro não. É este um dos mais importantes princípios da mediunidade curadora e que explica certas anomalias aparentes, apontando-lhes uma causa muito natural."

Lembremos também os ensinamentos de André Luiz

no livro *Nos Domínios da Mediunidade*:

"Alinhados apontamentos, começamos a reparar que alguns enfermos não alcançavam a mais leve melhoria.

As irradiações magnéticas não lhes penetravam o veículo orgânico.

Registrando o fenômeno, a pergunta de Hilário não se fez esperar.

— Por quê?

— Falta-lhes o estado de confiança - esclareceu o orientador.

— Será, então, indispensável a fé para que registrem o socorro de que necessitam?

— Ah! sim. Em fotografia precisamos da chapa impressionável para deter a imagem, tanto quanto em eletricidade carecemos do fio sensível para a transmissão da luz. *No terreno das vantagens espirituais, é imprescindível que o candidato apresente uma certa "tensão favorável". Essa tensão decorre da fé* (destaque do autor). Certo, nos não reportamos ao fanatismo religioso ou à cegueira da ignorância, mas sim à atitude de segurança íntima, com reverência e submissão, diante das Leis Divinas, em cuja sabedoria e amor, procuramos arrimo. Sem recolhimento e respeito na receptividade, não conseguimos fixar os recursos imponderáveis que funcionam em nosso favor, porque o escárnio e a dureza de coração podem ser comparados a espessas camadas de gelo sobre o templo da alma."

André Luiz repete, nessas linhas, o conceito de "bomba calcante e da bomba aspirante" criadas pela fé, e tão bem colocadas por Allan Kardec na obtenção do socorro dos Benfeitores Espirituais de que necessitamos. É importante destacar também o que os Espíritos entendem por fé: submissão e confiança absoluta na Providência Divina, e não fanatismo religioso. Submissão e confiança absoluta em Deus e não em nenhum dos homens. A ordem, o consentimento para a cura vêm d'Ele e não dos homens.

Baseados nestes últimos trechos, gostaríamos de tecer alguns comentários sobre as pessoas que vão ao Centro buscar o socorro através do passe.

Muitas dessas pessoas não recebem o socorro de que necessitam, ou o recebem parcialmente, exatamente pelo explicado por Kardec no princípio da *bomba aspirante:* desejo ardente de ser curado, confiança, numa só palavra - a fé racional que faz com que o necessitado se deposite plenamente nas mãos do Criador. Que melhor local haveria para nos refugiarmos nos momentos de dor, de dificuldade, de desespero do que no regaço da Providência Divina?

Trocando em miúdos: essas pessoas vão ao Centro para receber o passe sem entender sobre a parte que cabe ao necessitado realizar, ficando totalmente alheias, apáticas nos momentos que antecedem ao passe, como também nos instantes em que ele é aplicado. Creio que nos Centros Espíritas que seguem as orientações de Kardec, se esclarece aquilo que cabe ao necessitado fazer no sentido de se transformar numa *bomba aspirante* do socorro de que ele precisa. Por isso mesmo é que se torna muito triste assistir às pessoas que se dirigem ao passe, como se estivessem fazendo um favor aos médiuns passistas e, o que é pior, um favor aos Espíritos amigos ali presentes para socorrer os necessitados nos seus problemas.

Essa atitude, como muito bem ensina Kardec, no último trecho dos seus comentários sobre a mulher hemorroíssa, cria uma barreira que se opõe à energia que poderia chegar àquele que pede no momento do passe. Releia o texto anterior para que isso fique bastante claro e sedimentado dentro de você. A pessoa que não cria nela, pela sua fé, a *bomba aspirativa*, perde a oportunidade de receber na medida em que desejaria ou poderia receber. A energia emanada da ação combinada dos fluidos do médium passista com as energias do Espírito desencarnado, encontra uma barreira para alcançar o necessitado. Ou, pela falta da fé daquele que pede, não encontra uma sinalização bem definida, à semelhança de um avião que precisasse aterrissar à noite em um aeroporto que não dispusesse da adequada iluminação. O recurso está ali presente, mas não consegue "aterrissar" naquele aeroporto mal sinalizado na hora da necessidade pela fragilidade da fé de quem está pedindo.

Muitas vezes isso ocorre porque as pessoas que buscam o passe, não fazem o silêncio interior necessário. E como é necessário esse silêncio interior! Muito mais do que o silêncio pedido com aquele aviso: "o silêncio também é uma prece."

O silêncio interior é muito mais profundo e difícil de ser obtido. Ele requer um mergulho da pessoa na própria intimidade onde procura encontrar-se com Deus. Dessa maneira, não fica difícil entender que, quando nos dirigimos ao Centro Espírita e mais propriamente para rogar os benefícios do passe, é absolutamente recomendável que nos desliguemos do exterior, dos problemas do dia a dia por mais graves que tenham sido.

Se a pessoa permanece ligada às angústias vividas naquele dia, ela está fisicamente dentro do Centro, mas, mentalmente, junto às situações que continuam a ganhar a sua atenção. Se está preocupada com o jantar, continua prisioneira dele. Se está preocupada com o filho, continua prisioneira dessa preocupação. Se remói uma discussão acontecida, continua prisioneira da mágoa. Se, em sua cabeça, o dia seguinte absorve a sua atenção, continua prisioneira do futuro. Se, no Centro Espírita, fica a reparar e a comentar intimamente a atitude de alguém presente, continua prisioneira da fofoca e não consegue o indispensável silêncio interior para que o "avião" do socorro, através do passe, "aterrisse" em sua alma e no seu corpo.

Geralmente se faz alguma preleção que antecede a aplicação dos passes através de uma página comentada por alguém de boa vontade ou da leitura e comentário de uma passagem evangélica.

Muitas pessoas têm o triste hábito de ficar olhando no relógio enquanto um companheiro está fazendo a exposição do tema, e dizendo intimamente: 'será que ele (ou ela) vai falar muito? Eu só vim receber o passe!'

Também, não possuem essas pessoas, o necessário silêncio interior para que o "avião" do socorro, através do passe, "aterrisse" no seu íntimo com o amparo de que necessita. Não sabem, portanto, tornarem-se merecedoras.

Infelizmente, muitas delas que não souberam atrair como bombas aspirantes o socorro que foram buscar, ainda acabam falando mal daquele Centro ou, o que é pior, da própria doutrina espírita.

Sempre será de grande utilidade a repetição da lição sobre a mulher gigantesca em sua fé dessa passagem do Evangelho de Marcos, principalmente nos momentos da aplicação do passe nos Centros Espíritas.

Mas falamos muito em fé. E, o que é a fé? Fé seria

sinônimo de religião? A fé seria a repetição de um ritual? Precisamos aprender, e muito, sobre esse poderoso recurso que sempre utilizaremos, quer como encarnados quer como desencarnados. Afinal, por ter fé em nós é que, um dia, Deus nos criou. Portanto, o que é a fé?

O QUE É A FÉ ?

Cremos que a fé entendida de modo genérico, ou seja, sem vinculação com nenhuma religião, é caracterizada pela ausência de dúvidas em alguma coisa ou em algum Ser. A pessoa tem absoluta convicção naquilo ou em quem acredita.

Vamos recordar, para exemplificar, uma reportagem exibida por um canal de televisão sobre um agricultor morador no Nordeste brasileiro.

Esse senhor tinha uma plantação muito grande de amoras e recomendava que se tomasse o chá feito com as folhas da amoreira porque, segundo ele, tinha um poder regenerador da saúde muito grande. Esse senhor exibia sua pele sem manchas que ele atribuía ao efeito benéfico do chá. Enquanto os médicos - dizia ele - tratavam a superfície da pele, o chá da folha da amora tratava a profundidade da doença.

Vale lembrar que esse senhor estava próximo dos oitenta anos de idade e saltava sobre os buracos do terreno, coisa que, anteriormente, segundo ele, não conseguia realizar. Inclusive uma foto dele anterior ao uso do referido chá, mostrava um senhor bem mais envelhecido do que o apresentado na televisão.

Essa mesma reportagem exibiu um funcionário desse agricultor que havia emagrecido cerca de trinta quilos, utilizando-se do chá das folhas de amora.

Seriam verdadeiros esses benefícios atribuídos por ele às folhas dessa planta? Somente uma investigação científica poderia responder a essa pergunta. Os vegetais possuem princípios ativos que agem sobre o corpo humano, mas no caso do chá das folhas de amora, só uma pesquisa poderia provar a utilidade ou inutilidade dele.

Utilizamos do exemplo para demonstrar o que é fé, em seu sentido genérico. Para aquele senhor, o chá da amoreira era o responsável pelos benefícios que conseguira. Não havia nele nenhuma sombra de dúvida sobre essa realidade. Ele tinha fé na ação do chá com folhas de amora.

Na definição de Joanna de Ângelis, a fé como a demonstrava Jesus, era a certeza do próprio poder, da perfeita sintonia com Deus a quem recorria sempre que necessário, sabendo por antecipação dos resultados que seriam colhidos.

Podemos revelar a nossa fé nos fatos da vida através da nossa entrega na conquista daquilo que buscamos, sem ausência de dúvidas.

Por exemplo: Thomas Edison, o genial inventor que nos deixou várias provas da sua inteligência entre as quais a lâmpada elétrica, firmado na fé de produzir, jamais se permitiu o luxo do repouso, logrando brindar o mundo com aproximadamente mil inventos de extraordinária utilidade, relata Joanna.

Recorda ela também, que Cristóvão Colombo,

apoiado na fé que as reminiscências do passado lhe mantinham vivas na mente, peregrinou por várias cortes européias, buscando ajuda para a sua empresa e, graças a isso, descobriu a América.

Albert Sabin, tendo fé nas pesquisas que realizava, descobriu a vacina contra paralisia infantil que poupou inúmeras crianças de serem marcadas por essa triste doença.

Santos Dumont, acreditando na força de seus estudos, acabou por colocar no ar um aeroplano que deu início às conquistas aéreas.

E assim, poderíamos ir citando muitos exemplos de pessoas que tiveram assinalada a passagem na história da Humanidade por conquistas alicerçadas em sua fé.

No capítulo XIX de *O Evangelho Segundo o Espiritismo*, lembremos alguns ensinamentos de Kardec sobre o assunto da fé como confiança inabalável naquilo que se propõe conquistar: "..., a fé se diz da confiança que se tem no cumprimento de uma coisa, da certeza de atingir um fim; ela dá uma espécie de lucidez que faz ver, no pensamento, o fim para o qual se tende e os meios de atingi-lo, de sorte que aquele que a possui caminha, por assim dizer, com certeza."

Mais adiante, o Codificador complementa: "A fé sincera e verdadeira é sempre calma; dá a paciência que sabe esperar, porque tendo seu ponto de apoio na inteligência e na compreensão das coisas, está certa de chegar; a fé incerta sente a sua própria fraqueza; quando está estimulada pelo interesse, torna-se colérica e crê suprir a força pela violência. A calma na luta é sempre um sinal de força e confiança; a violência, ao contrário, é uma prova de fraqueza e de dúvida de si mesmo."

Portanto, quando se fala em fé não devemos transformá-la em sinônimo de religião. Uma pessoa pode crer em Deus sem que, para isso, tenha que se valer de alguma fé religiosa. Aliás, quem teve fé em Deus igual ou maior do que o próprio Cristo, sem que para isso tivesse que existir alguma religião com os seus cerimoniais intermediando?

Lembra-nos ainda, muito bem, Joanna de Ângelis a respeito da fé "não se trata apenas do triunfo material, mas conforme acentuou Jesus que ele vencera o mundo, refere--se, portanto, ao triunfo interior. Essa ânsia tresvairada e patológica de vencer no mundo econômico, social, político ou sob qualquer aspecto material em que se apresente, gera conflito, porque desenvolve a ansiedade mórbida.

A vitória, porém, sobre o mundo das paixões, das disputas perturbadoras, eis a proposta psicoterapêutica da fé religiosa, que faculta a compreensão das ocorrências negativas, ensejando resignação ante aquelas que não sejam as esperadas, as agradáveis, mas que, bem compreendidas, podem ser dinamicamente transformadas em recursos de harmonia e de bem-estar." Ou seja, aos olhos dos homens daquela época do Império Romano, Jesus havia sido derrotado pela morte na cruz. No entanto, por ter conseguido cumprir o seu ato de amor até o final, Jesus afirmou que havia vencido o mundo. A sua fé, amigo leitor e paciente leitora, está preparando-lhe a vida para as vitórias no mundo ou para aquelas que, ocultas aos olhos do mundo, conferem em seu interior a paz de consciência?

Quando fé está sendo empregada no sentido de religião, recordemos os ensinamentos contidos no mesmo capítulo a que nos referimos de *O Evangelho Segundo o*

Espiritismo: "Do ponto de vista religioso, a fé é a crença nos dogmas particulares que constituem as diferentes religiões; todas as religiões têm os seus artigos de fé. Sob este aspecto, a fé pode ser *raciocinada* ou *cega*. A fé cega, não examinando nada, aceita sem controle o falso como verdadeiro, e se choca, a cada passo, contra a evidência e a razão; levada ao excesso, produz o fanatismo. Quando a fé repousa sobre o erro, ela se destrói, cedo ou tarde; a que tem por base a verdade é a única segura do futuro, porque não tem nada a temer do progresso das luzes, já que *o que é verdadeiro na obscuridade, o é igualmente em plena luz*. Cada religião pretende estar na posse exclusiva da verdade; *preconizar a fé cega sobre um ponto de crença, é confessar impotência em demonstrar que se tem razão.*"

De posse dessa fé cega é que muitas religiões que atingem o limite do fanatismo, oferecem os chamados milagres que buscam curar, sem raciocinar se a cura pretendida está de acordo com a Lei que Jesus afirmou que tinha vindo cumprir e não destruir.

Na busca da cura, precisamos utilizar a fé raciocinada porque ela é a que possui os conhecimentos para a manipulação adequada dos fluidos, como nos ensina esse trecho de *O Evangelho Segundo o Espiritismo*, ainda no mesmo capítulo citado anteriormente:

"O poder da fé recebe uma aplicação direta e especial na ação magnética; por ela o homem age sobre o fluido, agente universal, lhe modifica as qualidades e lhe dá uma impulsão, por assim dizer, irresistível. Por isso, aquele que, a um grande poder fluídico normal ajunta uma fé ardente, pode, apenas pela vontade dirigida ao bem, operar esses fenômenos estranhos de cura e outros que, outrora, passariam por prodígios e que não são, todavia, senão as consequências de uma lei natural."

O professor J. Herculano Pires, em seu livro *Agonia das Religiões*, esclarece muito bem à luz da fé raciocinada, a cura pelas leis naturais que ainda desconhecemos. Vejamos o texto: "A terapêutica espírita resulta naturalmente desse conhecimento antecipado, a que somente agora as ciências estão encontrando acesso. Ela não decorre, portanto, de superstições, hipóteses ou práticas tradicionais de cura envoltas em mistério, sustentadas por crenças populares. Seus fundamentos são racionais e científicos. É prova de ignorância lamentável confundir-se a terapêutica espírita com o curandeirismo ou com as práticas religiosas que se apoiam apenas nos estímulos da fé irracional. Já vimos que a própria fé encontra no Espiritismo explicação e definição diversas das que lhe são dadas na cultura materialista e na cultura religiosa. A fé não age nos casos de cura como um poder atuante, mas como uma base em que se apoiam os poderes do espírito para agirem com eficácia. O conhecimento dos fatores causadores da doença e a descoberta das leis que permitem a aplicação de processos curativos eficientes são os elementos essenciais da terapêutica espírita. Justamente por isso ela pode e deve complementar os recursos médicos, como a experiência secular tem provado."

Como nos revelou a Doutrina Espírita, o homem, Espírito encarnado, é um ser trino: matéria, perispírito e Espírito que se interagem. Tanto as informações físicas caminham para o perispírito, como sentimentos e energias espirituais atingem o ser material nessa interexistência. Por isso, a cura à luz do Espiritismo escapa do terreno do misticismo para penetrar no território científico dessas trocas energéticas que ocorrem nesse ser trino. Enquanto a medicina priorizar a parte física e menosprezar partes essenciais como o perispírito e Espírito, ficará com os seus recursos muito reduzidos, atacando o efeito sem resolver a causa.

Mas, continuemos com os ensinamentos do professor Herculano:

"A cura divina - hoje cura paranormal - é uma realidade inegável em todo o mundo. Mesmo os cientistas de cabeça-dura reconhecem a sua existência e procuram explicá-la através dos processos psicossomáticos, da influência de energias psíquicas sobre o físico. Essa influência pertence, segundo o Espiritismo - e agora segundo as pesquisas parapsicológicas e a descoberta do corpo bioplásmico pelos físicos e biólogos soviéticos - à própria estrutura psicofísica do homem. A vida se revela aos nossos olhos, nestes dias, como o resultado da ação do espírito sobre a matéria, e isso em todas as suas manifestações, como já ficou evidente no capítulo sobre o corpo bioplásmico. Não se trata de nada excepcional ou sobrenatural, mas pelo contrário, de um fato simplesmente natural. E precisamente por isso o problema da cura divina exige atenção imediata e acurada da Ciência, para que ela seja retirada das mãos ineptas e em geral gananciosas dos missionários por conta própria."

Mais uma vez, o professor faz a chamada para o estudo sem preconceitos das descobertas da ciência e dos esclarecimentos da Doutrina Espírita sobre o perispírito e o ser espiritual repercutindo na parte física, para que o comércio dos chamados milagres não prospere à custa da exploração da ingenuidade de muitas pessoas.

Já na década de 70, esses acontecimentos estavam em curso porque o homem, diante da dor, procura recurso, mesmo que taxados de sobrenaturais ou milagrosos. Aliás, parece que esses são mais "saborosos" e convincentes do que a constatação de leis naturais que a tudo podem explicar. Vejamos mais um trecho em que o professor nos revela o que ocorria na década de 70:

"Ligo o rádio às 4 horas da manhã e ouço o locutor anunciar o programa de um missionário da cura divina. O missionário se apresenta declinando o seu título autoconcedido. Fala em nome de Jesus Cristo e faz desfilar pelo microfone várias criaturas dos bairros humildes que revelam as curas divinas com que foram agraciadas. A linguagem de todos é pitoresca e emocionante. Revela ao mesmo tempo a penúria cultural e a fé ingênua do povo. Algumas pessoas se curaram com o programa de rádio; outras, com o disco de preces do missionário; outras, nas reuniões tumultuosas da igreja; outras, levando peças de roupa de certos doentes ao recinto sagrado, conseguiram curá-los."

Essa frase final sobre levar roupas ao recinto sagrado, me faz lembrar que, em alguns Centros Espíritas, ainda vemos tal prática. Levam-se roupas do necessitado ao interior do centro, colocam-se as mesmas sobre a mesa e o verdadeiro interessado permanece a distância. Não seria bom esclarecer essas pessoas que se negam ir ao centro de que os Espíritos amigos, se não puderem fazer o bem, mal não fazem? Esclarecer que ninguém é obrigado a ser espírita porque um centro a socorreu. Esclarecer também essas pessoas que os Espíritos são seres livres na Natureza. Não estão trancados dentro do Centro Espírita. Não são propriedade de centro nenhum. Portanto, não se justifica o receio de comparecer a esse local para serem convenientemente tratadas pelos recursos do mundo espiritual. Agora, se o problema for de vergonha de ir ao centro, de orgulho, então o mal maior, que são exatamente esses sentimentos da alma, está vencendo a briga. E, finalmente esclarecer que não é necessário levar roupa de ninguém a centro nenhum, bastando mentalizar o sofredor para que ele receba, mesmo não estando no local, o socorro dos Espíritos na medida de seus merecimentos.

Além da roupa que é levada ao centro para ser magnetizada (ou seria melhor dizer benzida?), temos outros probleminhas...

Não existem muitos e muitos espíritas que acreditam na infalibilidade dos Espíritos desencarnados? Espírito falou, está falado! Isso! Mesmo sabendo que o desencarnado não entra na posse do conhecimento infinito. Mesmo sabendo que o desencarnado é exatamente aquele que ontem estava no mundo material e hoje está fora de um corpo físico. Ninguém tem o direito de contestar! Esse mesmo raciocínio místico se aplica naqueles que buscam a cura através do milagre. Vejamos algumas informações do professor Herculano na época em que o livro foi publicado, ou seja, 1976:

"Para as camadas pobres da população e a gente simples dos bairros elegantes, onde a ignorância anda sobre tapetes de luxo, o Espiritismo não é mais do que uma seita de terapeutas obscuros, de curandeiros broncos. Acredita-se que a única finalidade do Espiritismo é curar por meio de processos mágicos. Mas a cura divina nao é privilégio de ninguém. Encontramo-la em todas as religiões e seitas religiosas do passado e do presente. E mais ainda a encontraremos no futuro, mas então já reconhecida como um processo cientificamente explicável e não mais sujeito à exploração dos missionários por conta própria que hoje, nas grandes cidades, enriquecem-se à sombra da ignorância ilustrada e da miséria analfabeta, tendo por patrono o orgulho botocudo da alta medicina e o comodismo criminoso da burocracia dos órgãos oficiais de assistência social."

Como bem coloca o professor Herculano, a cura pelos recursos naturais existentes é um direito de todo aquele que esteja liberado da Lei de Causa e Efeito por ter quitado os seus débitos. Não é propriedade, essa cura, de religião nenhuma. Não deve a religião prometer o milagre e nem a cura porque o primeiro não existe, e a segunda depende da Lei que determina dar a cada um segundo as suas obras. Lei essa, repetimos, que nem Jesus ousou desrespeitar, muito pelo contrário, afirmou que não vinha destruí-la, mas sim cumpri-la. Se ele não descumpriu, que poder humano poderá fazê-lo?

Entendendo-se lei natural como a própria Lei de Deus, vemos, mais uma vez, que não existe necessidade de ocorrer um milagre para curar, mas sim, apenas a aplicação de uma lei natural em que os fluidos são manipulados pelos Espíritos desencarnados, em conjunto ou não com os encarnados, promovendo os recursos necessários para o socorro do corpo e do Espírito de todos nós, enquanto em marcha evolutiva rumo à perfeição.

Algo mais sobre a fé: ela deve ser alicerçada sobre Jesus, porque dirigente de centro, médium, palestrante, todos possuem as suas imperfeições maiores ou menores. Se não me fiz claro, leiam a seguinte história acontecida com o Chico Xavier:

"Um simpatizante do Espiritismo, residente na cidade de Santos, Estado de São Paulo, veio a Pedro Leopoldo, asseverando desejar conhecer o Chico para melhor acertar os seus problemas de fé.

O médium, no entanto, empregado de uma repartição, não dispõe de tempo como deseja e, por determinação de sua chefia, estava ausente de casa.

O visitante insistiu, insistiu...

E como não podia deter-se por muitos dias, regressou a Penates, dizendo a vários amigos:

— Duvido muito da mediunidade. Imaginem meu caso com o Chico Xavier. Viajo para Pedro Leopoldo com sacrifício de tempo e dinheiro. Chego à cidade e informam-me, sem mais aquela, que o médium estava ausente. Perdi minha fé, pois tenho a ideia de que tudo seja simples fraude e estou convencido de que o Chico se esconde para melhor sustentar a mistificação.

Um dos companheiros de ideal escreve, aflito, ao Chico, relatando-lhe a ocorrência.

Não seria aconselhável procurar o queixoso e atendê-lo?

O pobre homem parecia haver perdido a confiança no Espiritismo.

O médium, muito preocupado, pede o parecer de Emmanuel e o devotado orientador responde-lhe, com serena precisão:

— Deixe este caso para trás. Se a fé nesse homem for erguida sobre você é melhor que ele a perca desde já, porque nós todos somos criaturas falíveis. A fé para ele e para nós, deve ser construída em Jesus, porque, somente confiando em Jesus e imitando-lhe os exemplos, é que poderemos seguir para Deus."

Essa orientação é muito preciosa para que entendamos qual deve ser o nosso porto seguro aqui na Terra como no mundo dos Espíritos. Ao pedirmos socorro aos Espíritos amigos, nossa sintonia deve estar com Jesus. Assim nos comportando, nos transformamos na "bomba aspirante" a que se refere Kardec, atraindo como a mulher hemorroíssa da passagem evangélica, os recursos do mundo espiritual que tivermos o mérito para receber.

Caminhemos um pouco mais para compreendermos sobre a fé e a cura.

O HOMEM, O PERISPÍRITO E O ESPÍRITO

Este capítulo precisa ser escrito com muita calma e lido com mais calma ainda, porque ele constitui a base para entendermos de onde procedem as enfermidades, onde os Espíritos amigos irão trabalhar e o que temos que fazer para auxiliá-los.

Como comentamos em capítulo anterior, quando encarnados, somos todos um ser trino, ou seja, possuímos um corpo material em que as doenças se apresentam; possuímos um perispírito que, através do modelo organizador biológico (que você irá conhecer logo mais), molda o atual corpo material de acordo com as nossas necessidades evolutivas e, finalmente, nós mesmos, Espíritos imortais.

É interessante ressaltar que não somos o ser material que nos acostumamos ver todos os dias diante do espelho. Na verdade somos o Espírito imortal que habita temporariamente esse corpo, esse uniforme da escola da

Terra que se desgasta a cada dia que passa. Vamos narrar uma história conhecida que serve muito bem para explicar essa realidade.

Um dia perguntaram para uma pessoa o seguinte:

— Quando você morrer, para onde vai o seu corpo?

— Para o cemitério, como todo mundo! - foi a resposta.

— Muito bem! - comentou a interrogante tornando a perguntar: - E a sua alma, para onde vai?

A pessoa não vacilou e respondeu:

— Ora, vai para um lugar bom ou ruim dependendo do que eu tiver feito enquanto no mundo.

— Tudo bem - disse a que havia feito a pergunta. - Então, diga-me: para onde você vai?

— Como assim, para onde eu vou? - retrucou aquela que recebeu mais uma vez a interrogação.

— Sim, - insistiu a que perguntava - porque segundo você, o seu corpo vai para o cemitério. A sua alma vai para um lugar bom ou ruim. E você, para onde vai?

Essa pequena, mas verdadeira história serve para nos acordar para essa realidade: nós somos o Espírito que vive no corpo e não o próprio corpo. Por isso, ao estudarmos que o homem é composto de um ser material, de um perispírito e de um Espírito nele encarnado, não nos esqueçamos de que somos esse Espírito. Essa compreensão vai ser muito importante para entendermos o mecanismo de cura, principalmente daquela cura à qual se referia Jesus quando afirmava: "Vai e não peques mais para que não te suceda o pior."

Para continuarmos devagar no assunto e da maneira

menos cansativa possível, vamos passar aos leitores amigos um exercício interessante. Atentem para a frase abaixo:

"Deixo meus bens a minha irmã não a meu sobrinho jamais será paga a conta do padeiro nada dou aos pobres."

Essa frase foi escrita por um homem muito rico que, pressentindo o fim, pegou papel e caneta e escreveu dessa maneira, sem pontuação. A quem você acha que ele deixou a sua fortuna? Note que eram quatro concorrentes: a irmã, o sobrinho, o padeiro e, finalmente, os pobres. Quem será que foi o beneficiado? Vamos fazer o teste? Você verá como a pontuação modifica totalmente o sentido da frase. Essa é uma maneira de ver se você está colocando os pontos certos na sua vida também. Vamos lá?

1) O sobrinho fez a seguinte pontuação: "Deixo meus bens à minha irmã? Não! A meu sobrinho. Jamais será paga a conta do padeiro. Nada dou aos pobres."

Por esse tipo de pontuação, o herdeiro seria o sobrinho do senhor rico. Fácil, não? Acontece que a irmã do falecido pegou a caneta e colocou a seguinte pontuação:

2) "Deixo meus bens à minha irmã. Não a meu sobrinho. Jamais será paga a conta do padeiro. Nada dou aos pobres."

Pronto. A fortuna, de acordo com essa pontuação, passou das mãos do sobrinho para a irmã do morto. Viu como precisamos observar muito como estamos pontuando nossas vidas? E agora, a herdeira será a irmã? Seria, caso o padeiro também não pegasse a caneta e pontuasse a frase da seguinte maneira:

3) "Deixo meus bens à minha irmã? Não! A meu sobrinho? Jamais! Será paga a conta do padeiro. Nada dou aos pobres."

Viram só? A fortuna voou das mãos da irmã para as do padeiro. Será que ele será o herdeiro?

Por sua vez os pobres (na história eles têm vez) também pegaram na caneta e assim escreveram a frase:

4) "Deixo meus bens à minha irmã? Não! A meu sobrinho? Jamais! Será paga a conta do padeiro? Nada! Dou aos pobres."

Viram como a fortuna passou para as mãos dos pobres? Por isso é preciso que pontuemos corretamente as coisas para que elas não fiquem passando de mão em mão. E é por isso que precisamos ler com calma as colocações que se seguirão para que possamos entender com segurança a resposta se a fé cura ou não.

Vamos começar o assunto, informando que os livros consultados foram do Dr. Hernani Guimarães Andrade, um Espírito que enriqueceu a ciência enquanto esteve encarnado e continua enriquecendo através das obras científicas que deixou. Dr. Hernani nasceu em Araguari, Estado de Minas Gerais, em 1913. Formou-se em engenharia civil no ano de 1941 pela Escola Politécnica da Universidade de São Paulo (USP). O Dr. Hernani sempre sentiu interesse não só pela Engenharia, como pela Física,

Biologia, Cosmologia e Parapsicologia. Conforme os dados que constam nos livros que escreveu, seu interesse maior foi a pesquisa da natureza espiritual do homem, a cujos estudos e indagações se dedicou, desde os 16 anos de idade. Vejam como o Espírito evoluído não perde o seu tempo na Terra por compreender o grande valor dessa oportunidade. Outra característica do Espírito adiantado é investir naquilo que pode levar para a outra vida, como por exemplo, a aquisição de conhecimentos que se incorporam como o verdadeiro tesouro do ser imortal. Dr. Hernani deixou vários livros de grande conteúdo científico, assim como inúmeros artigos e conferências realizadas internacionalmente. Foi fundador e diretor do Instituto Brasileiro de Pesquisas Psicobiofísicas. Colaborou com a Folha Espírita escrevendo na coluna "Ciência e Espiritismo".

Resumidamente, passamos alguns poucos dados desse Espírito de grande valor que iluminou a ignorância, colaborando para que a luz se fizesse para todos os seres desprovidos de preconceitos.

No final deste livro, em um capítulo denominado *Uma Justa Homenagem*, deixamos uma bibliografia sobre ele.

No seu livro intitulado *Espírito, Perispírito e Alma*, Dr. Hernani nos fala sobre as descobertas do professor Kim Bong Han, cientista nascido na Coréia do Norte. Ele pesquisou sobre Acupuntura, antiquíssima técnica de curar criada pelos chineses há vários milênios. Sabemos de maneira superficial que, na acupuntura, são introduzidas agulhas em determinados pontos do corpo humano. Os acupunturistas ensinam também que esses pontos correspondem a determinados meridianos, ou seja, a determinadas rotas pré-conhecidas para falar de maneira bem simples. Para tornar ainda mais simples, imaginemos que, em uma estrada, existissem determinados postos de gasolina. A estrada seriam os meridianos e os postos de gasolina, os pontos utilizados pelos acupunturistas para atuar sobre o corpo humano.

Viram que, com boa vontade, vamos entendendo aquilo que precisamos compreender?

Bem, os cientistas descobriram que entre esses pontos da Acupuntura, existe uma diferença elétrica. Utilizando em dois desses pontos um material apropriado composto de prata e níquel, detectaram essa diferença de energia. Explorando outros pontos existentes no corpo material, concluíram que existe, nesse corpo, uma espécie de campo de energia, e mais, que as condições de bem-estar e de saúde do corpo parecem depender da suficiente energia existente nesse campo e do equilíbrio dessa força energética!

Alguma vez você já pensou nisso? Viu como é importante o conhecimento para todo aquele que se interessa pela sua saúde física?

A importância desse campo de energia, para esses cientistas que realizaram as suas pesquisas, é tão importante, que acreditam que ele (esse campo) forme um quarto sistema no corpo humano! Além do sistema circulatório (artérias e veias), sistema nervoso e sistema linfático, existiria também esse quarto campo energético, repercutindo sobre a saúde física!

O professor Kim Bong Han fez a seguinte experiência para pesquisar essa energia: pegou uma substância denominada fósforo radioativo e injetou em um ponto utilizado pela acupuntura. Depois foi acompanhar que caminho essa substância injetada tomava. O professor percebeu que o fósforo radioativo não se esparramava sem rumo como uma gota de tinta sobre um mata-borrão ou de água sobre um guardanapo. Não, o fósforo procurou aquela estrada existente no corpo que os acupunturistas chamam de meridiano. E mais. Em todos os pontos dessa estrada (meridiano), o fósforo radioativo se espalhou pelos pontos de acupuntura (bombas de gasolina). Se tiver dúvidas, recue algumas linhas e reveja o conceito sobre a estrada (meridiano) e os postos de gasolina (pontos energéticos). Ou seja, esse campo de energia existente conduzia a substância injetada ao longo dele e não a deixava espalhada ao léu no corpo material.

O professor Kim foi muito mais longe do que você está pensando. É, muito mais longe. Ele descobriu, com as suas pesquisas em embriões, que esses mesmos meridianos, esses mesmos pontos de energia se formam antes do que a parte física, como se funcionassem os pontos de energia e os meridianos, como uma rede sobre a qual se assentasse, depois, a parte material!

Vejam o que a inteligência bem intencionada, bem direcionada é capaz de descobrir! Mas o professor foi mais longe ainda: descobriu evidências de que esse sistema energético existe não só nos animais, mas nas plantas também!

Por favor, não desanime de prosseguir na leitura deste capítulo. Mais tarde, você entenderá o mecanismo da doença no corpo e se sentirá recompensado. Portanto, não feche o livro e nem mude de capítulo em nome desse entendimento.

Se você prometer não parar, vou contar uma piada contada por um Espírito. Isso mesmo, por um Espírito! Evidentemente que as piadas dos Espíritos são extremamente saudáveis e, até mesmo, educativas. Só pode ler quem prometer não parar com a leitura.

Disse que eu ia contar a piada? Enganei-me, o Divaldo vai contar para você:

"Os Espíritos contam anedotas. Ele (Espírito) me contou que estavam reunidos vários Espíritos e um deles disse que uma alma foi a Deus e disse: 'Senhor, eu não tenho ideia do que é a Eternidade.' Por exemplo, um bilhão de anos, que tempo é no relógio da Eternidade? 'Deus disse: 'Um bilhão de anos, um segundo.' 'Senhor, e um bilhão de dólares, quanto vale para Vós?' 'Um bilhão de dólares, um cêntimo.' 'Senhor, dá-me um cêntimo?' E Deus respondeu: 'Espera um segundo.'

Se você gostou, então assuma o compromisso de continuar a leitura.

Agora vamos falar no senhor Harold Saxton Burr, Ph. D., professor emérito da cadeira de Anatomia da Escola de Medicina da Universidade de Yale.

Estudando esse componente de energia existente no corpo material, o professor Harold chamou-os de *campos da vida*. Por que teria dado essa denominação a eles? Pela explicação que se segue. Segundo acreditava, esses campos funcionavam como um molde que orienta o desenvolvimento do corpo material! Ele dá um exemplo muito simples de ser entendido, segundo narra o Dr. Hernani em seu livro: "Quando um cozinheiro olha para um molde de fazer geleia, ele sabe qual a forma da geleia que irá sair dali. De maneira muito semelhante, a inspeção com instrumentos dos chamados campos da vida, logo no seu início, pode revelar a futura forma ou arranjo dos materiais que ele irá moldar."

Você vai ver já, já, como essa opinião coincide com

a de André Luiz, Espírito, trazida até nós em meados do século XX, através da psicografia do inesquecível Chico.

Prossegue o Dr. Hernani, ensinando que o professor Burr, pesquisando *campos da vida* em rã, notou que esses campos permitem identificar a localização futura do sistema nervoso do animal. Assim também ocorre com as demais partes do organismo desse animal porque os *campos da vida* funcionam como uma matriz, um molde, que determinará a forma que irá desenvolver-se a partir do ovo.

E mais! Todos os seres vivos, do homem ao rato; das árvores às sementes, são moldados e controlados por campos eletrodinâmicos os quais podem ser medidos e localizados por meio de modernos aparelhos de uso comum!

Entenderam bem? Todos os seres vivos!

Permitam-me transcrever textualmente o trecho do livro do Dr. Hernani pela importância que ele tem:

"Para H. S. Burr e seus colegas a vida possui um modelo eletrodinâmico que a orienta e inclusive determina a forma geral do organismo, sem embargo da validade das leis da genética. Resumidamente, o fenômeno biológico possui um fator transcendente que deve ter participado e que ainda participa das suas operações. Para eles o Universo é um sistema ordenado, o organismo humano um componente ordenado."

Leiam, por favor, novamente, quem é o professor doutor Burr e vejam se essa afirmação dele e a de seus colaboradores é a de um místico ou a de um homem de ciência, que sem preconceitos, busca a Verdade e somente a Verdade.

Agora, sintam a força da afirmação de André Luiz

no livro *Evolução em Dois Mundos*, referindo-se ao corpo espiritual (perispírito):

"Nele (perispírito) possuímos todo o equipamento de recursos automáticos que governam os bilhões de entidades microscópicas a serviço da Inteligência, nos círculos de ação em que nos demoramos, recursos estes adquiridos vagarosamente pelo ser, em milênios e milênios de esforço e recapitulação, nos múltiplos setores da evolução anímica.

São os centros vitais fulcros energéticos que, sob a direção automática da alma, imprimem às células a especialização extrema..."

"Essas células que obedecem às ordens do espírito, diferenciando-se e adaptando-se às condições por ele criadas, procedem do elemento primitivo, comum, de que todos provimos em laboriosa marcha no decurso dos milênios, desde o seio tépido do oceano, quando as formações protoplasmáticas nos lastrearam as manifestações primeiras."

Meu amigo, minha amiga, essa explicação do Espírito André Luiz, coincidindo com as pesquisas do Dr. Burr e seus assistentes, como também com a do professor Kim que vimos no início, é de uma beleza que não sei definir, apenas sentir.

Gostaria muito que você sentisse também. Para isso estou me esforçando, mas preciso da sua ajuda, continuando a ler com paciência este capítulo.

Os cientistas estão caminhando para constatar a realidade apresentada pelos Espíritos desencarnados e isso é extremamente feliz. Você poderá perguntar-me por quê. A resposta é muito simples: na medida em que a verdade do mundo espiritual for constatada pela ciência, o materialismo sofrerá um golpe mortal. Comprovada a continuação da vida com as suas consequências boas ou más, o homem, Espírito encarnado, passará a avaliar melhor as suas atitudes, sabendo que elas terão respostas positivas ou negativas para além da morte. O crime, a desonestidade, a impunidade, o ódio, o orgulho, o egoísmo, a vaidade, terão que ser reavaliadas na certeza de que elas não compensam. Estaremos dando um passo seguro para um mundo melhor onde o amor seja a pauta de vida daqueles que aqui habitarem. E, não nos esqueçamos, teremos que voltar muitas vezes a essa escola da Terra. Por isso, é muito melhor encontrá-la melhorada, não é?

Até agora aprendemos com os ensinamentos citados, que existe no corpo humano além do sistema circulatório, do sistema linfático e do sistema nervoso, um campo de energia que serve de molde para o desenvolvimento do corpo material.

Você quer ver uma aplicação para o momento desse conhecimento? Então, vamos lá. Temos ouvido falar muito através da imprensa nas células-tronco para pesquisas que poderão conduzir a bons resultados de doenças hoje sem recursos, tais como determinados problemas neurológicos, cardíacos e por aí afora. Células-tronco são células jovens, muito jovens, que podem ser retiradas, entre outros locais, do embrião humano que está iniciando a sua reprodução celular. Elas são capazes de gerar os mais de duzentos tecidos do corpo. A esperança da ciência, assim como dos pacientes, é que essas células ao serem injetadas nesses pacientes, venham a substituir partes estragadas do corpo, devolvendo a saúde. Inclusive, já existem casos de doenças cardíacas com boa resposta a essa tentativa. Buscam essas pesquisas regenerar, por exemplo, o tecido nervoso de pessoas paralíticas para que elas se recuperem, de alguma maneira, do mal que apresentam. Então, a proposta é essa: pegar essas células-tronco bastante jovens de embriões, e por isso mesmo chamadas de células-tronco embrionárias, e utilizá-las, beneficamente, em favor do doente.

Vejam o que um cientista norte-americano de 70 anos, Dr. David Baltimore, prêmio Nobel de Medicina com apenas 38 anos de idade, entrevistado pela revista *VEJA*, em sua edição de n.º 2062, afirmou sobre essas células:

"Não é prudente paralisar nenhum caminho promissor de pesquisa, mas acredito que devemos investir tempo, dinheiro e energia nas pesquisas com células-tronco embrionárias. Como elas têm potencial de evolução praticamente ilimitado, os experimentos aí vão produzir mais conhecimento científico."

Perguntado logo em seguida sobre o grande desafio que aguarda os cientistas, afirmou:

"Controlar a evolução das células-tronco. Como elas têm imenso potencial de transformação, temos que descobrir como fazê-las evoluir num sentido específico, no sentido que desejamos. Por exemplo, se quisermos que se transformem em um nervo, em um tecido cardíaco ou ósseo, teremos de ter garantias de que a evolução resultará num nervo, em um tecido cardíaco ou ósseo."

Viram como o que estudamos até agora pode representar o caminho que a ciência terá de trilhar para que as células-tronco embrionárias possam ser utilizadas com sucesso naquilo a que se propõe?

Lembram-se que o Professor Kim e o Dr. Burr pesquisaram o campo de energia que existe antes do próprio corpo material, dirigindo a formação desse último? Traçando as diretrizes, o esboço onde o corpo físico vai ser construído? Inclusive nos animais e vegetais?

Não seria por aí a resposta à dúvida do cientista, Dr. David Baltimore? Esse campo energético que traça uma espécie de planta onde e como vai ser a "casa" física de cada animal, não seria o caminho para conduzir as células-tronco embrionárias para se diferenciarem no tecido que está sendo necessário ao corpo doente?

Agora reparem na afirmação que esse mesmo cientista fez quando lhe perguntaram se a religião e a ciência são incompatíveis:

"Entendo que ciência e religião atuam em campos distintos. Uma não responde às perguntas da outra. Por isso não vejo incompatibilidade."

Mas André Luiz, no livro citado anteriormente, não antecipou a existência desse molde no perispírito daquele que vai reencarnar? É só reler o texto que ficou linhas atrás, para confirmarmos isso. Ou, se desejarmos, reler o livro *Evolução em Dois Mundos*, para constatarmos essa antecipação feita por esse Espírito, através da mediunidade de Chico Xavier.

Como então, a religião não responde às perguntas da ciência? A Doutrina Espírita nos proporciona a fé inabalável porque pode encarar a razão face a face, em qualquer época da Humanidade, como ensinou Kardec. Pode inclusive auxiliar as pesquisas da ciência nesse estudo sobre as células-tronco. É claro que não vamos nos iludir que os cientistas de hoje darão a mão à palmatória, mas é muito importante que o espírita saiba disso para dimensionar a grande riqueza que tem em mãos, representada pelos ensinamentos da Doutrina codificada por Allan Kardec.

Bem, termino este capítulo que espero não tenha

aborrecido muito ao leitor e à leitora. O que precisamos guardar de tudo o que foi exposto é que a ciência comprovou que existe um campo de energia no corpo material tanto de animais como de vegetais, e que serve de esboço, de rascunho, para a confecção desse corpo físico. Lembrar também que essa ideia já nos era transmitida pelo Espírito André Luiz, através da mediunidade de Chico Xavier, no livro *Evolução em Dois Mundos*.

Continuemos nossa caminhada no entendimento se a fé cura: sim ou não?

Natanael Ben Elias – O paralítico

Natanel Ben Elias, o ex-paralítico, comemorava o restabelecimento de sua saúde em uma estalagem da cidade de Cafarnaum, rodeado de vinho, de falsos amigos e de mulheres de vida infeliz.

Comentava exultante o milagre da sua recuperação através do Rabi da Galileia. Leiamos relato sobre esse fato encontrado no livro *Primícias do Reino* do Espírito Amélia Rodrigues, pela mediunidade de Divaldo P. Franco:

"Natanel Ben Elias, numa estalagem da cidade, exultava entre bilhas de vinho capitoso e amigos truculentos.

– Aconteceu-me um prodígio na minha desdita - comentava com alacridade.

– Fala-nos, conta-nos o que te aconteceu, pois duvidamos do que nos narraram! - exclamaram diversos a uma só vez.

— Sucedeu-me tão repentinamente - prosseguiu - que me encontro ainda atordoado. Como todos sabem - enxugou o suor do rosto alterado pela emoção, desde há muito tempo a paralisia e as febres me rondavam o corpo, terminando por imobilizar-me em total prisão, num leito infecto e detestável, impedindo-me qualquer movimento. Transformaram-me num réprobo repulsivo.

Esquecido, no meu catre, até há pouco, era vítima de extrema miséria física e moral.

Aguardava a morte, que tardava, como uma libertadora.

Ouvi falar dele e chorava por conhecê-lo. Secreta intuição me informava que ele poderia curar-me...

Hoje, sabendo-o aqui, em Cafarnaum, pedi a amigos que me conduzissem à sua presença, e estes, carregando o grabato onde eu expungia minhas amargas penas, levaram-me à casa onde ele se encontrava. A multidão era tão compacta que me não puderam levar pela porta."

Estamos lendo a descrição da situação em que o paralítico curado por Jesus se encontrava. Reparem que após a cura, Natanael foi comemorar em uma estalagem regada com vinho e mulheres infelizes. A cama improvisada (grabato) da qual ele era prisioneiro, teve que ser transportada até onde Jesus se encontrava com os Apóstolos e adentrar a casa pelo telhado feito com madeira, esteiras e ramos de palmeira.

Continuemos com a narrativa do próprio Natanel, o ex-paralítico:

"Em derredor o alarido, o desespero e as altercações compunham cenas lamentáveis e dolorosas.

Ante a aflição que se desenhava na minha face descarnada e o desespero que me dominou, um dos amigos alvitrou erguer-me ao terraço e descer-me pelo teto à sala onde ele estava. E assim o fizeram. Subiram os degraus laterais da vivenda de Simão, o pescador, e arrebentaram os adobes, rasgando nervosamente as esteiras e ramos de palmeiras entre uma e outra trave de segurança, até conseguirem uma abertura suficiente para passar minha enxerga, descendo-me por ela, atado a cordas, até ele.

A sala apinhada abriu pequeno espaço e, como se ele me esperasse, fitou-me demoradamente, em silêncio, examinando a minha ruína orgânica. Descerrou os lábios e falou:

— Natanael Ben Elias, cres que eu te posso curar?

— Sim, - respondi-lhe - creio-o!

Um estremecimento sacudiu-me. Houve um grande silêncio e mesmo o calor pareceu diminuir.

— Senhor! - exclamei - Como sabes o meu nome? Conheces-me?

— Sim, eu te conheço, Natanael, desde ontem. Sou o Bom Pastor, e em razão disso conheço nominalmente todas as ovelhas que o Pai me confiou.

Não compreendi, confesso, o que ele disse sobre o desde ontem. Nunca o vira antes, nem jamais me visitara..."

Nessa expressão utilizada por Jesus "desde ontem" está bem claro o princípio da reencarnação. A única maneira de Jesus conhecer Natanael desde o passado - desde ontem - só pode ser explicada pelas nossas existências anteriores.

Retornemos à narrativa de Amélia Rodrigues:

" — Teus pecados - exclamou - estão perdoados!"

Vejam que Jesus estabelece uma conexão entre erros cometidos e a atual situação do paralítico. A lei da semeadura e colheita. O princípio de causa e efeito.

"Houve murmurações e uma exaltação de ódio na assistência. Eu próprio me perturbei.

Quantas vezes eu pensara em seguir uma vida limpa e decente se voltasse a movimentar-me, a acionar as pernas, não saberia dizê-lo. No entanto, àquela hora, eu indagava: seria ele capaz de perdoar pecados? Não estaria blasfemando? O suor corria-me em bagas pelo corpo sujo e macilento.

Como se ele ouvisse os pensamentos mais secretos, sem recear, desafiou:

— Que é mais fácil? Dizer ao paralítico: 'Perdoados são os teus pecados, ou dizer: Levanta-te e anda.'

E voltando-se para mim, distendeu os braços e alongou as mãos, falando-me, imperioso:

— Levanta-te: toma a cama e vai para a tua casa."

Façamos mais uma pausa para a nossa análise e meditação. Jesus torna a fazer a vinculação do pecado às consequências negativas dele resultante, ao afirmar que era a mesma coisa ele dizer "levanta-te e anda", como "perdoados são os teus pecados."

Muitas pessoas nesse ponto perguntam se ocorreria aqui um perdão gratuito das faltas cometidas, ou se havia chegado o momento em que o Espírito endividado teria resgatado os seus débitos. A resposta é muito simples, diante da própria afirmativa de Jesus de que não viera destruir a Lei, mas sim, dar-lhe cumprimento. Natanael Ben Elias, em todos aqueles anos preso ao leito por causa da paralisia, havia resgatado a promissória. Não fosse assim, a Lei estaria sendo desrespeitada, coisa que Jesus não faria de maneira nenhuma. Por isso que o Mestre afirma que é a mesma coisa ordenar ao paralítico que levantasse e andasse ou afirmar que perdoados estavam os pecados dele, por conhecer Jesus a Natanael "desde ontem", e saber que ele já havia se quitado perante a Lei.

Viram como as explicações da Doutrina Espírita são perfeitas?

Continuando a narrativa de Natanael:

"Oscilei como uma cana ao vento, desejei falar algo e não pude.

Ergui a cama, explodi num grito de ventura: Salve, Rabi! e voltei dando hosanas, ante a admiração de quantos me conheciam.

Não compreendo, porém, o que me sucedeu; parece-me um sonho, do qual receio acordar.

Bebamos, em gáudio - gritaram todos em redor -, comemorando a tua volta à saúde... E AO PRAZER. Exibe o corpo para que o vejamos sem marcas, sem feridas e mais o creiamos...

Música sensual, soluçando entre dedos de mulheres, arrendadas na Núbia e outras terras para o comércio carnal, a empunharem instrumentos de cordas e adufes, enchendo a sala ampla, que exalava odores exóticos.

Lá fora a noite espiava a terra pela visão das estrelas."

Gostaria de chamar a atenção para as palavras do ex--paralítico na estalagem em que comemorava a sua cura. O próprio beneficiado, Natanael Ben Elias, afirma que tinha planos, após a sua recuperação, de seguir uma vida limpa e decente. E onde ele deu início a esses seus planos? Numa estalagem com falsos amigos, bebida e mulheres infelizes!

Vejam só o que ensina Jesus ao Apóstolo Pedro após a cura do paralítico:

"— Simão, neste momento, enquanto consideras o Reino de Deus pelo que viste, Natanael, com alegria infantil, comenta o acontecimento entre amigos embriagados e mulheres infelizes. Outros que recobraram o ânimo ou recuperaram a voz, entre exclamações de contentamento, precipitam-se nos despenhadeiros da insensatez, *acarretando novos desequilíbrios, desta vez, irreversíveis.*"

Destacamos as palavras de Jesus "acarretando novos desequilíbrios, desta vez irreversíveis", para demonstrar como o desequilíbrio moral é o desencadeador de consequências negativas, entre elas, a doença física. Jesus lamentava a atitude de Natanael. Será que também não temos o que lamentar de nós mesmos?

Façamos um raciocínio muito simples: quem é que erra, o Espírito que habita o corpo ou o corpo material que é um mero instrumento do ser imortal? A resposta é óbvia, não é? Se você concorda, já caminhou mais um pouco para entender o mecanismo das doenças que assustam tanto o ser humano.

Se o erro está no Espírito, se continuarmos a errar como fez Natanael, procedemos como a pessoa que tranca a casa com o ladrão dentro. Não nos esqueçamos da afirmativa de Jesus em relação ao homem curado: "acarretando novos desequilíbrios, desta vez irreversíveis"!

É muito importante cuidarmos do corpo através de exercícios, de dieta adequada, das horas de sono bem dormidas, evitando bebida e cigarro, mas se descuidamos de nós mesmos (lembram-se de que somos Espíritos que habitam um corpo?) como Espíritos que podem e devem agir no Bem, acarretamos novos desequilíbrios, desta vez irreversíveis!...

Já imaginaram se o ser humano realizasse uma Olimpíada de ação no Bem com o mesmo empenho com que se dedica à superação dos recordes do corpo material?

O campeão do amor; o campeão do perdão; o campeão da renúncia; o campeão da confraternização; o campeão da solidariedade; o campeão da tolerância. Já imaginaram como o planeta Terra já seria um verdadeiro paraíso?

Assim, vamos dando mais um passo para respondermos se é possível a cura pela fé: sim ou não?

A DOENÇA NA VISÃO DOS ESPÍRITOS

Neste capítulo, estudaremos como os Espíritos Superiores entendem as doenças que atingem o corpo físico dos encarnados. Vejamos algumas opiniões de Entidades Venerandas:

"A grande maioria das doenças tem a sua causa profunda na estrutura semimaterial do corpo espiritual. Havendo o Espírito agido erradamente, nesse ou naquele setor da experiência evolutiva, vinca o corpo espiritual com desequilíbrios ou distonias, que o predispõe à instalação de determinadas enfermidades, conforme o órgão atingido." - Emmanuel (Chico Xavier).

"A medicina humana será muito diferente no futuro, quando a Ciência puder compreender a extensão e complexidade dos fatores mentais no campo das moléstias do corpo físico." - André Luiz (Chico Xavier).

"Toda e qualquer enfermidade orgânica tem procedência nos recessos íntimos da alma." - Joanna de Ângelis (Divaldo P. Franco).

"A doença não é mais do que um sintoma do desarranjo do Espírito, em realidade o portador da mesma." - Joanna de Ângelis (Divaldo P. Franco).

"Na raiz, portanto, de qualquer enfermidade encontra-se a distonia do Espírito, que deixa de irradiar vibrações harmônicas, rítmicas, para descarregá-las com baixo teor e interrupções que decorrem da incapacidade geradora da Fonte de onde procedem." - Joanna de Ângelis (Divaldo P. Franco).

Antes da Doutrina Espírita, a ideia que se tinha da relação entre o Espírito encarnado e o seu corpo físico era a seguinte: o Espírito tinha o seu lugar definido sem misturar-se com o corpo de carne. Este último era considerado o ser fraco, conforme o ditado popular de que o Espírito é forte, mas a carne é fraca. Atiravam-se os defeitos, a fraqueza, os erros sobre o ser material que o Espiritismo esclareceu que é apenas um instrumento do ser imortal.

Um exemplo bem fácil é imaginar: por que um carro anda em excesso de velocidade? É o carro que por si só decide andar a 140, 160 ou mais quilômetros por hora, ou é o pé do motorista irresponsável que o conduz a isso? Da mesma forma é a relação entre o Espírito e o seu uniforme, o seu instrumento aqui na Terra, o corpo de carne. A carne não é forte e nem fraca, ela é apenas bem ou mal utilizada pelo Espírito que nela habita. Esse Espírito, sim, é forte ou fraco, dependendo do bem que já desenvolveu em si mesmo, ou do mal com o qual ainda se acha envolvido.

O ser imortal, o Espírito, relaciona-se profundamente, mais do que possamos imaginar, com o seu corpo material.

Vamos imaginar uma família que alugue uma casa nova. Se essa família é desleixada, não cuida das mínimas condições de higiene, não se preocupa em reparar os estragos que ocorrem na residência, deixa o lixo acumular, não varre o chão, com o tempo, o desleixo de que essas pessoas são portadoras acabará por contaminar a residência novinha.

Da mesma forma, um Espírito que esteja enfermo pelos erros cometidos, pelo mal praticado, pela consciência endividada com a culpa, ao "alugar" um novo corpo através da reencarnação, transporta para ele os problemas do ser espiritual. Não existe um meio de um Espírito enfermo habitar um corpo e não contaminá-lo com a sua enfermidade moral. Os dois, corpo e Espírito, convivem num relacionamento muito íntimo por muitos anos e trocam influências entre eles.

Quando ingerimos medicações, elas atuam no corpo material, eliminando os invasores nocivos desse corpo, mas não conseguem devolver a saúde espiritual. Atacamos os efeitos que se manifestam no corpo material, mas não conseguimos atacar as causas instaladas no Espírito. A medicação do corpo é administrada por via oral (pela boca), via endovenosa (pelas veias), via intramuscular (no músculo), via arterial (pelas artérias). A medicação da alma é administrada pelo exercício do Bem. O remédio do corpo não cura o Espírito, mas a medicação do Espírito (prática do Bem) cura os dois.

Vejamos o texto de Joanna de Ângelis:

"A doença, todavia, é resultado do desequilíbrio energético do corpo em razão da fragilidade emocional do espírito que o aciona. Os vírus, as bactérias e os demais microorganismos devastadores são os responsáveis pela presença da doença, porquanto eles se nutrem das células que se instalam nas áreas em que a energia se debilita. Causam fraqueza física e mental, favorecendo surgimento da doença, por falta da restauração da energia mantenedora da saúde. Os medicamentos matam os invasores, mas não restituem o equilíbrio como se deseja, se a fonte conservadora não irradia a força que sustenta o corpo."

Dissemos, anteriormente, que Espírito e corpo convivem em intimidade, um influenciando o outro. Dessa maneira, se o inquilino do corpo material, que é o Espírito, resolve fumar, as consequências negativas não se fazem apenas sobre o físico, mas também atinge o Espírito no seu corpo espiritual que é o perispírito. Não sou eu quem afirma isso, mas Chico Xavier no livro *Lições de Sabedoria*, quando respondendo a uma pergunta que se refere à ação negativa do cigarro sobre o perispírito do fumante após a morte, assim se pronuncia:

"O problema de dependência continua até que a impregnação dos agentes tóxicos nos tecidos sutis do corpo espiritual ceda lugar à normalidade do envoltório perispirítico, o que, na maioria das vezes, tem a duração do tempo correspondente ao tempo em que o hábito perdurou na existência física do fumante. Quando a vontade do interessado não está suficientemente desenvolvida para arredar de si o costume inconveniente, o tratamento dele, no Mundo Espiritual, ainda exige quotas diárias de sucedâneos dos cigarros comuns, com ingredientes análogos aos cigarros terrestres, cuja administração ao paciente diminui gradativamente, até que ele consiga viver sem qualquer dependência do fumo".

Recomendamos que os fumantes releiam esse trecho pelo menos uma vez, a cada dia. Sempre é tempo de mudanças. Melhor mudar aqui do que ter que modificar-se do outro lado.

Atentemos para essa narrativa de André Luiz, no livro *Nos Domínios da Mediunidade*, psicografia de Francisco C. Xavier, que vai ilustrar bem a continuação do vício sobre o Espírito desencarnado:

"Ante a alegação de Hilário, o Assistente considerou que dispúnhamos de tempo bastante para a colheita de alguns registros interessantes e convidou-nos a entrar.

A casa de pasto regurgitava...

Muita alegria, muita gente.

Lá dentro, certo recolheríamos material adequado a expressivas lições.

Transpusemos a entrada.

As emanações do ambiente produziam em nós indefinível mal-estar.

Junto de fumantes e bebedores inveterados, criaturas desencarnadas de triste feição se demoravam expectantes.

Algumas sorviam as baforadas de fumo arremessadas ao ar, ainda aquecidas pelo calor dos pulmões que as expulsavam, nisso encontrando alegria e alimento (destaque do autor). Outras aspiravam o hálito de alcoólatras impenitentes.

Indicando-as, informou o orientador:

— Muitos de nossos irmãos, que já se desvencilharam do vaso carnal, se apegam com tamanho desvario às sensações da experiência física, que se cosem àqueles nossos amigos terrestres temporariamente desequilibrados nos desagradáveis costumes por que se deixam influenciar.

— Mas por que mergulhar, dessa forma, em prazeres dessa espécie?

— *Hilário - disse o Assistente, bondoso - o que a vida começou, a morte continua...* (destaque do autor). Esses nossos companheiros situaram a mente nos apetites mais baixos do mundo, alimentando-se com um tipo de emoções que os localiza na vizinhança da animalidade. Não obstante haverem frequentado santuários religiosos, não se preocuparam em atender aos princípios da fé que abraçaram, acreditando que a existência devia ser para eles o culto de satisfações menos dignas, com a exaltação dos mais astuciosos e dos mais fortes. O chamamento da morte encontrou-os na esfera de impressões delituosas e escuras e, *como é da Lei que cada alma receba da vida de conformidade com aquilo que dá* (destaque do autor), não encontram interesse senão nos lugares onde podem nutrir as ilusões que lhes são peculiares, porquanto, na posição em que se veem, temem a verdade e abominam-na, procedendo como a coruja que foge à luz."

Creio que não pairam dúvidas sobre a continuação do vício no mundo dos desencarnados, com as suas consequências negativas sobre o ser imortal, com essas colocações de André Luiz. O que a vida começou a morte continua, conforme explica o orientador de André Luiz e Hilário, simplesmente porque a morte não é um momento mágico em que nos livramos de todos os nossos vícios e adquirimos todas as virtudes que nos permitam um lugar de paz e luz no mundo espiritual. Aqueles que iniciaram a prática do Bem em vida, continuarão a praticá-lo depois do desencarne. Aqueles que preferiram a companhia do mal serão por eles acompanhados no outro lado da vida. É da Lei.

Podemos avaliar pelo descrito, como é grave o vício do cigarro como todos os outros vícios que levam à dependência não somente enquanto encarnados, mas repercutindo após a morte sobre o ser espiritual.

Nesse mesmo livro, perguntado ao Chico como descreveria a ação dos componentes do cigarro no perispírito de quem fuma, ele esclarece:

"As sensações do fumante inveterado, no Mais Além, são naturalmente as da angustiosa sede de recursos tóxicos a que se habituou no Plano Físico, de tal modo obcecante que as melhores lições e surpresas da Vida Maior lhe passam quase que inteiramente despercebidas, até que se lhe normalizem as percepções. O assunto, no entanto, no capítulo da saúde corpórea, deveria ser estudado na Terra mais atenciosamente, de vez que a resistência orgânica decresce consideravelmente com o hábito de fumar, favorecendo a instalação de moléstias que poderão ser claramente evitáveis. A necropsia do corpo cadaverizado de um fumante em confronto com o de uma pessoa sem esse hábito estabelece clara diferença.

Qualquer hábito prejudicial cria condições anômalas para o perispírito, impondo-lhe condicionamentos difíceis de serem erradicados. Quanto à definição do relacionamento hábito nocivo - constituição molecular do perispírito e os reflexos de um sobre o outro nos dois planos da matéria, em nos reportando às vivências da Terra, ainda não dispomos de terminologia própria a fim de apresentar por dentro o fenômeno em si, como seria de desejar."

Estamos procurando dar a você, leitor e leitora, a ideia de como o relacionamento nocivo entre o físico e o Espírito, repercutem sobre o Ser espiritual para além das barreiras da morte, o que será importante entender no esclarecimento do mecanismo da origem das doenças no ser imortal.

Ao perguntarem ao Chico o que dizer para as pessoas que não creem na influência do corpo físico sobre o Espírito no prosseguimento da vida no mundo espiritual, ele ensina:

"Recordemos a lição da Natureza. Se uma lagarta não acreditasse na palavra de alguém que lhe comunicasse a condição de borboleta, isso não modificaria a destinação. Assim também é o homem quando descrê da imortalidade própria. Os avisos quanto à vida porvindoura devem ser ditos e repetidos, com amor e entendimento, porque o ateísmo em nada lhes modificará o futuro."

Ou seja: estamos submetidos à Lei, creiamos nela ou não. Um cego de nascença pode não crer no sol, nas estrelas, nas flores, mas eles continuarão a existir. Da mesma forma, a incredulidade do materialista não invalida a realidade da vida abundante após a morte do corpo. Então...

Bem, já vimos que a influência do corpo sobre o perispírito existe, assim como deste último sobre o primeiro porque eles trocam informações, trocam benefícios e prejuízos enquanto o Espírito está encarnado.

Muitas pessoas acham fantasiosa essa comunicação entre os dois, alegando que o ser espiritual não se mistura com o material, simplesmente porque Espírito é espírito e matéria é matéria.

Então, vejamos. Lembram-se de quando falamos do Professor coreano, Kim Bong Han que pesquisou os pontos de acunpuntura onde existiam diferença de potencial entre um ponto e outro? Esses pontos se sucediam em forma de linhas que formavam meridianos. Para exemplificar de maneira mais fácil, lembremos o exemplo de uma estrada citado anteriormente com os seus diversos postos de gasolina. Os postos seriam os pontos de energia e os meridianos a estrada que os liga entre si. Os cientistas da antiga União Soviética, onde o materialismo ainda impera, também demonstraram a existência de um verdadeiro "circuito elétrico" nos organismos vivos, coincidindo com os estudos do Professor Kim. A ciência desses pesquisadores levou-os a concluir que existe um circuito interno profundo relacionado aos pontos de acupuntura. Demonstrou também a ligação entre os diferentes pontos de acupuntura formando um sistema elétrico profundo. E mais, o Professor Kim mostrou que há evidente influência dos sistemas de ductos na saúde dos indivíduos e que qualquer lesão em um determinado meridiano afeta tecidos ou órgãos a eles correspondentes.

Recordemos também do Dr. Burr, professor emérito de Anatomia na Escola de Medicina da Universidade de Yale, Estados Unidos, que conclui existir um campo de energia profunda em todos os seres vivos que ele denominou de *campos de vida* ("fields of life"). Esses *campos de vida* seriam o esboço, a planta do corpo físico. No embrião, ela existe como um mapa sobre o qual se desenvolve o corpo material.

Vamos continuar "emendando" os ensinamentos da ciência com os ensinamentos de André Luiz, no livro *Evolução em Dois Mundos*. Informa-nos ele que o nosso corpo tem sua formação presidida pelo corpo espiritual através da bagagem adquirida por ele: "São os centros vitais, fulcros energéticos que, sob a direção automática da alma, imprimem às células a especialização extrema..." A Doutrina Espírita nos esclarece sobre os centros de força existentes no corpo material que são: coronário, frontal, laríngeo, cardíaco, esplênico e genésico. Nesses vórtices (redemoinhos) energéticos o perispírito coloca em contato a matéria e a parte espiritual do ser.

Então, quando a pessoa fuma, além de atacar negativamente o corpo material, através desses vórtices de energia que comunicam o corpo com o Espírito, lesa também o corpo espiritual a ponto de o Espírito imortal carregar para o mundo espiritual a influência perniciosa do cigarro como de todos os outros vícios de que a criatura lança mão de livre e espontânea vontade.

As atitudes no campo do mal, no campo do ódio, do desamor, são energias altamente negativas. Além de atingirem e desequilibrarem a parte física, alcançam também o corpo espiritual (perispírito) através desses centros de força citados acima, lesando e marcando temporariamente o corpo espiritual (perispírito), até que a reparação do mal praticado possa livrá-lo desse registro negativo. Essa reparação pode exigir para ocorrer, a enfermidade que aparece no ser material e que representa *uma espécie de bisturi da alma drenando as mazelas morais nela armazenadas*.

Vejamos mais um trecho de Joanna de Ângelis:

"Determinadas emoções fortes - medo, cólera, agressividade, ciúme - provocam uma alta descarga de adrenalina na corrente sanguínea, graças às glândulas supra-renais. Por sua vez, essa ação emocional reagindo no físico, nele produz aumento da taxa de açúcar, mais forte contração muscular, face à volumosa irrigação do sangue e sua capacidade de coagulação rápida.

A repetição do fenômeno provoca várias doenças como a diabetes, a artrite, a hipertensão... Assim, cada enfermidade física traz um componente psíquico, emocional ou espiritual correspondente. Em razão da desarmonia entre o Espírito e a matéria, a mente e o perispírito, a emoção (os sentimentos) e o corpo, desajustam-se os núcleos de energia, facultando os processos orgânicos degenerativos provocados por vírus e bactérias, que neles se instalam..."

E mais:

"As enfermidades são a presença da sombra nos equipamentos-luz do ser. Porque não hajam alcançado a plenitude do desenvolvimento, esses mecanismos sofrem os impactos da mente em desalinho - geradora de pensamentos mórbidos e atos perturbadores - cujo teor vibratório alcança-os, desconectando-os e abrindo campo para que se instalem as infecções degenerativas, as distonias emocionais e psíquicas."

Podemos ainda acrescentar da honorável Mentora:

"Doença é ocorrência vibratória perturbadora, mudança de comportamento na organização molecular do indivíduo ou no seu psiquismo em processo de amadurecimento.

Essa distonia no mecanismo sutil do ser, abrindo espaços para a manifestação e proliferação dos processos degenerativos, tem sua sede nas intrincadas malhas do Espírito, *em si mesmo herdeiro dos atos que o acompanham na larga trajetória da evolução, sempre responsável pelo que é e pelo que se candidata a conseguir.*" (destaque do autor).

Creio que mais claro do que essas palavras de Joanna sobre a origem das enfermidades que atingem o nosso corpo procedentes dos desequilíbrios da alma, é impossível.

O Dr. Jorge Andréa dos Santos, médico e Professor do Instituto de Cultura Espírita do Brasil, com vários livros de alto gabarito nos estudos do ser espiritual e sua interação com o ser físico, também endossa essa influenciação do Espírito sobre o corpo físico através do perispírito. Em seu livro *Busca do Campo Espiritual pela Ciência*, essa posição fica bastante clara:

"É de conhecimento dos espiritualistas, e de modo mais expressivo dos espíritas, que a organização humana está constituída pelo corpo físico (zona material, zona consciente) que, por sua vez, é comandada pela zona espiritual (zona do inconsciente) onde encontram-se os arquivos de nossas experienciações em constantes elaborações, burilamentos, retificações e construções, constituindo as fontes do Espírito. A fim de que a influência espiritual se mostre na zona física, existe uma zona intermediária, zona de adaptação e transição, de modo a permitir a presença espiritual no campo material. Este campo intermediário é conhecido como zona perispiritual que, sob influência do Espírito, *dirige, orienta e comanda o metabolismo vital dos seres.*" (destaque do autor)

Eis aí, mais uma vez, para todos aqueles que têm olhos de ver, a verdade anunciada sobre a origem das enfermidades que nos atingem, procedendo de desequilíbrios mais profundos.

Se você gostaria de ter uma confirmação dessa verdade, atentemos para o ensinamento de André Luiz, no livro *Ação e Reação*:

"Meu companheiro guardou, reverente, a anotação e considerou:

— Caro instrutor, depreendemos da elucidação que, ao nos reencarnarmos, conduzimos conosco os remanescentes de nossas faltas, que nos partilham o renascimento, na máquina fisiológica, como raízes congeniais dos males que nós mesmos plantamos...

— Perfeitamente – acrescentou o mentor amigo – nossas disposições, para com essa ou aquela enfermidade no corpo terrestre, *representam zonas de atração magnética que dizem de nossas dívidas, diante das Leis Eternas, exteriorizando-nos as deficiências do espírito.*(destaque do autor)

Druso meditou alguns instantes, como se estivesse ponderando no íntimo a gravidade do assunto, e apreciou:

— Nossas assertivas não excluem, decerto a necessidade da assepsia e da higiene, da medicação e do cuidado preciso, no tratamento dos enfermos de qualquer procedência. *Desejamos simplesmente acentuar que a alma ressurge no equipamento físico transportando consigo as próprias falhas, a se lhe refletirem na veste carnal, como zonas favoráveis à eclosão de determinadas moléstias, oferecendo campo propício ao desenvolvimento de vírus, bacilos e bactérias* (destaque do autor) inúmeros, capazes de conduzi-la aos mais graves padecimentos, de acordo com os débitos que haja contraído, mas também carreia consigo as faculdades de criar no próprio cosmo orgânico todas as espécies de anticorpos, imunizando-se contra as exigências da carne, faculdades essas que pode ampliar consideravelmente pela oração, pelas disciplinas retificadoras a que se afeiçoe, pela resistência mental ou pelo serviço ao próximo com que atrai preciosos recursos em seu favor. Não podemos esquecer que o bem é o verdadeiro antídoto do mal."

Temos nesse pequeno trecho a confirmação dos Espíritos Superiores daquilo que vem sendo afirmado e continuará a ser afirmado ao longo deste livro, ou seja, da ação do Espírito sobre o corpo físico, de acordo com as suas qualidades morais, os seus endividamentos perante a Lei, como também as influências positivas dos méritos de que seja possuidor.

Continua o Dr. Jorge Andréa dos Santos a ensinar:

"Assim, o perispírito, com as reconhecidas influências no campo material, não é verdadeiramente uma zona de decisões, porém uma zona importante de tradução das influências espirituais que necessitam organizar e impulsionar o campo físico. *Em última análise, o metabolismo vital será comandado pelo Espírito através dos campos perispirituais, sendo estes de suma importância na orientação e direcionamento dos 60 trilhões de células, em média, que a organização humana possui* (destaque do autor). Desse modo, todas as células físicas estarão sob influência espiritual, através dos respectivos núcleos, como região de comando sobre o corpo celular."

Vemos, nessa exposição, a colocação muito clara sobre o perispírito ser a estrada de dupla mão ligando o corpo ao Espírito e vice-versa. Através dessa estrada, os desequilíbrios espirituais alcançam o ser material, trazendo para a realidade física os desequilíbrios que permanecem temporariamente no Ser imortal.

Dr. Jorge, nesse mesmo livro, no capítulo que se intitula *Comando Espiritual nos Processos Orgânicos*, cita um exemplo muito esclarecedor da ação do Espírito na saúde dos seres humanos no trecho que citamos abaixo:

"Certos indivíduos possuem verdadeiras fortalezas defensivas contra agentes externos responsáveis por doenças, enquanto que, outros tantos, apresentam debilidade intensa, mostrando-se bastante frágeis. Por que uns são mais frágeis que outros, mesmo em condições idênticas de vida e pertencendo à mesma raiz genética?"

É muito interessante essa observação e podemos constatá-la no dia-a-dia porque conhecemos pessoas, por exemplo, que vivem contraindo gripes e resfriados com muita frequência, enquanto que outras ultrapassam um ano inteiro sem serem visitadas por essas enfermidades. Algumas, com um simples espirro, já contraem o vírus, enquanto que outras não são atingidas. Eu mesmo posso testemunhar esse fato simples que se passou comigo. Em uma determinada ocasião viajei com minha esposa do litoral paulista até o interior do Estado, com uma forte gripe. Espirrei muitas e muitas vezes ao lado dela, enquanto ela dirigia o carro. Minha esposa não contraiu a doença. Sabemos que quando espirramos, em virtude da gripe, eliminamos uma quantidade muito grande de vírus que podem contaminar as pessoas próximas. Mesmo assim, a doença não a atingiu.

É o Dr. Jorge Andréa quem explica como está abaixo:

"Tudo pode ser explicado pela diferença evolutiva de cada ser. Apesar de pertencerem ao mesmo ramo familiar, seus lastros espirituais serão maiores ou menores, atados às variações do número de etapas reencarnatórias vividas; desse modo, as aquisições serão diversas.

Nos indivíduos mais evoluídos, portanto com diminutas "ilhas sombrias" no Espírito, em virtude de terem superado muitos defeitos que as reencarnações corrigem, o perispírito será abastecido com um mais poderoso campo de equilíbrio vibratório. *Campo de tal ordem será transferido para a zona material* (destaque do autor), de modo especial na região sanguínea onde os processos defensivos do mecanismo imunológico se mostram bem positivos. Ao contrário, quando o perispírito passa a traduzir as sombras espirituais das atitudes pregressas do ser, torna-se compreensível que as reações elaboradas no campo material tornem-se mais frágeis quanto ao processo de defesa, em virtude dos defeitos de amparo do campo -organizador (perispírito)."

Chamo a atenção dos amigos e amigas leitoras para a coincidência do que o Dr Jorge vai explicar, com uma das afirmativas de Jesus que citaremos mais adiante. Você conseguiria, enquanto lê, recordar-se de qual seria essa afirmativa?

"É principalmente, por intermédio dessa pouca conhecida região imunológica que as reações cármicas se vão mostrando durante a vida e que podem sofrer transformações atadas nas atitudes individuais. Se o comportamento do ser se esboça de modo positivo, a absorção dos lastros reacionais no bem podem chegar ao ponto de neutralizar reações negativas que se encontravam a caminho de implantação na zona física. Pode haver o caso de estacionamento do processo ou mesmo acentuação, tudo em virtude das razões comportamentais diante as leis determinísticas e de livre-arbítrio que regulam a vida."

Dr. Jorge está explicando que a imunologia do organismo, ou seja, as suas condições de defesa podem aumentar ou diminuir de acordo com o comportamento do ser no Bem ou no mal, através do seu livre-arbítrio.

Lembraram-se de qual ensinamento de Jesus que endossa essa afirmação?

Joanna de Ângelis leciona: "Analisando o problema saúde-enfermidade, recordemos o impositivo do Divino Médico aos recém recuperados: "NÃO TORNES A PECAR."

Lembra-nos também, o ensinamento do Dr. Jorge Andréa, da afirmação do Apóstolo Pedro quando ele afirma que o amor cobre a multidão dos pecados.

Essas duas afirmativas, a de Jesus e a de Pedro, entrelaçam, mais uma vez, o relacionamento que o Espírito tem com o corpo que ele habita temporariamente.

Já naquela distante época, Jesus passava a receita para quem desejasse ter a saúde do corpo que é atrelada à saúde do Espírito: propunha a cura definitiva que é a cura de profundidade. Aquela cura que atinge o Espírito que é quem fornece o molde, através do perispírito, para a confecção de um corpo saudável ou enfermo do futuro reencarnante.

Assim se pronuncia Divaldo P. Franco no livro *Elucidações Espíritas*, quando lhe perguntaram se o perispírito acompanha o Espírito por toda a eternidade:

"Não por toda a eternidade. *O perispírito é o molde de que se utiliza o Espírito para formar o corpo* (destaque do autor). Quando o Espírito atinge a um determinado nível de evolução, conforme nos ensina Allan Kardec, o perispírito se integra ao Espírito e já não há mais necessidade de reencarnar, pelo menos na Terra."

Da ação benéfica do trabalho no Bem sobre o corpo material, lembramos mais um trecho de André Luiz na obra citada anteriormente:

"Foi quando Silas, recomendando-nos cooperação, abeirou-se dele e aplicou-lhe passes magnéticos, esclarecendo-nos, logo após:

— Ainda pela utilidade que sabe imprimir aos seus dias, Adelino mereceu a limitação da enfermidade congenial de que é portador. Tendo sofrido, por longo tempo, o trauma perispirítico do remorso, por haver incendiado o corpo do próprio pai, nutriu em si mesmo estranhas labaredas mentais que, como já lhes disse, o castigaram intensamente além-túmulo... Renasceu, por isso, com a epiderme atormentada por vibrações calcinantes que, desde cedo, se lhe expressaram na nova forma física por eczema de mau caráter... Semelhante moléstia, em face da dívida em que se empenhou, deveria cobrir-lhe todo o corpo, durante muitos e angustiosos lustros de sofrimento, mas, pelos méritos que ele vai adquirindo, a enfermidade não tomou proporções que o impeçam de aprender e trabalhar, porquanto granjeou a ventura de continuar a servir, pelo seu impulso espontâneo na plantação constante do bem."

Creio que não é possível ser mais claro para explicar a ação do Bem em nosso favor.

Será que tudo o que foi dito não são apenas teorias, hipóteses, misticismo, devaneios religiosos?

Tornamos aos esclarecimentos do Dr. Jorge Andréa dos Santos, no mesmo livro citado anteriormente, em que ele explica que a ciência tem verificado variação da imunidade da pessoa de acordo com o padrão mental de cada uma:

"Estas ideias que pertenceram à filosofia e metafísica, na época atual encontram-se em estudos e observações na própria ciência, onde muitas pesquisas têm demonstrado o valor das atividades psíquicas em vários quadros clínicos. Os segredos da imunologia estão começando a ser devassados; as células imunes, especificamente os glóbulos brancos do sangue, começaram a mostrar suas reações diante das agressões através da microscopia eletrônica."

Dr. Jorge continua narrando que reações emocionais resultantes de preocupações, medo, ansiedade e outros exemplos semelhantes, diminuem os fatores de defesa. Por outro lado, comportamentos como concentrações, meditações, realizações, bem-estar diante do dever cumprido, preces, influenciam positivamente o sistema de defesa do corpo físico.

As respostas individuais de resistência como

dizemos de certas pessoas a determinadas enfermidades, não encontram explicações plenas apenas baseadas no funcionamento do corpo material. É por isso que a mesma doença toma rumos diferentes em cada pessoa. A medicina traduz essa realidade afirmando que existem doentes e não doenças. O comando dessa resistência maior ou menor de cada ser está além do físico. Está no perispírito, molde espiritual do corpo de carne que, por sua vez, está sob a influência direta do campo espiritual de cada um. Esse campo, que foge dos limites estabelecidos pelo organismo físico, influencia os elementos de defesa que o sistema imunológico do corpo produz, conferindo maior ou menor resistência, dependendo da vida moral que cada pessoa escolhe trilhar.

Diante dessa exposição, surge o questionamento: por que pessoas de vida desregrada, muitas vezes, possuem mais saúde do que pessoas de vida regrada? Lembramos que a vida não se interrompe com a morte do corpo. Se a semeadura no mal está sendo realizada e a colheita não se verifica na mesma existência, isso não quer dizer que os danos não irão retornar aos autores desse mal. Quando reencarnarem, trarão no molde do seu perispírito as consequências nocivas daquilo que semearam e a colheita obrigatória se fará presente dando a cada um segundo as suas obras.

Antes de terminar, relembremos André Luiz no livro *Mecanismos da Mediunidade*:

"E encarecendo o imperativo do pensamento reto para a harmonia do binômio mente-corpo, por várias vezes o vemos (Jesus) impelir os sofredores aliviados à vida nobre, como no caso do paralítico de Betesda, que, devidamente refeito, ao reencontrá-lo no templo, dele ouviu a advertência inesquecível: - "Eis que já estás são. Não peques mais, para que não suceda coisa pior." (João, 5:14)

A Justiça Divina não tem pressa porque ela sabe que somos imortais. Quando nos esquecemos dessa realidade, mergulhamos em confusões do tipo acima descrito pelo questionamento levantado sobre as pessoas de mau caráter.

Gostaria de enfatizar muito este capítulo do livro, sugerindo a você que, como exercício de paciência, releia-o com muita calma. Ele é imprescindível na compreensão do mecanismo das enfermidades que podem repontar em nosso corpo material como consequências dos desequilíbrios espirituais. Compreendendo este capítulo, você estará apto, se assim o desejar, a lançar mão de poderosa medicação deixada pelo Médico das almas: O Evangelho de Jesus!

Voltaremos a outros conceitos de André Luiz sobre a doença no corpo físico.

A DOENÇA E A HISTÓRIA

Desde que o nascimento começou a ocorrer na face do planeta, o outro extremo da vida, que é a morte, também teve o seu início. Os homens, lá no começo da humanidade, morriam por algumas causas diferentes das nossas de hoje. Sofriam o ataque de tribos inimigas. Eram vítimas de animais ferozes, pelo fato de habitarem em locais comuns a esses animais. Desencarnavam por causa dos fenômenos da Natureza, tais como, raios, inundações, terremotos, etc. E esse homem conhecia, também, a morte através da inimiga comum dos tempos atuais que são as doenças.

Ao levá-los à morte, as doenças eram tidas como originadas por espíritos ruins, por fantasmas, por miasmas que seriam emanações, cheiros muito fortes e desagradáveis oriundos da decomposição de animais e vegetais. Naquela época remota da humanidade nada se conhecia sobre bactérias, vírus ou qualquer outro organismo microscópico que, atacando o corpo, fossem os causadores das doenças. Então, sobravam, para o mundo considerado sobrenatural, os espíritos ou forças ocultas da

Natureza, a responsabilidade por causar enfermidades no ser humano.

Devido a esse clima de misticismo, de desconhecimento, e a essa origem mágica, oculta das enfermidades, o tratamento para elas seguia esse mesmo ritmo: magias, poções feitas com parte de animais, exorcismo dos maus espíritos que atacavam e possuiriam o ser humano, levando-o à morte. Veja você que não foi o Espiritismo, portanto, quem criou o conceito da existência e influência dos Espíritos sobre os encarnados. Essa crença já existia desde épocas remotas.

Como essa era a crença sobre a origem das doenças, não fica difícil entender que os sacerdotes dos diversos rituais aos deuses pagãos, exerciam também a função de médicos, invocando a força desses deuses na cura das enfermidades.

Como exemplo dessa época, encontramos, no antigo Egito, o primeiro grande médico da História, chamado Imhotep, que chegou a ser até proclamado "deus" pelos egípcios. Esse sacerdote e médico exorcizava o mal, invocando o nome do deus principal que se chamava Hórus, cujos olhos, acreditava-se, tinham poder contra os maus espíritos que causavam as doenças.

Outro fato interessante registrado nos hieróglifos, nas escritas cuneiformes e pictográficas do antigo Egito, era o poder curativo das mãos. Aquela mesma atitude de imposição das mãos utilizada por Jesus, que a tantos socorreu. Por isso, você pode entender que o Espiritismo também não inventou a imposição das mãos como tratamento. Ela é tão antiga que acontecia no Egito antigo. Em outros locais, em outras religiões, essa imposição das mãos é sempre bem-vinda, mas, quando ocorre dentro do centro espírita, é considerada pelas pessoas ignorantes ou de má fé como sendo obra do diabo. Estranho, não? Dois pesos e duas medidas. Por isso é necessário aprender para defender a Doutrina codificada por Allan Kardec, e que tanto nos socorre. Defendê-la de acusações improcedentes que visam difundir uma visão errada sobre o Espiritismo para desmerecê-lo aos olhos de quem não o conhece. Ninguém é obrigado a ser espírita, mas ninguém tem o direito de macular os ensinamentos dos Espíritos.

Enquanto não surgiu o Deus único de Abraão por volta de 2.000 a.C., esses deuses do paganismo eram um dos recursos utilizados na batalha contra as doenças.

Hipócrates, que viveu entre 460-357 a.C., conhecido como o Pai da Medicina, foi o primeiro a dar característica física às doenças, baseando-as em quatro fluidos corporais, a saber: o sangue, o catarro, a bile amarela e a bile escura. Dessa maneira, a culpa pela existência das doenças saía das mãos do sobrenatural e passava para as causas físicas.

Um outro grande sábio, Platão (429-347 a.C.), foi quem alertou que não bastava tratar somente o corpo, mas era necessário também medicar a alma do doente. Nascia dessa maneira a visão holística da doença e da medicina, ou seja, o paciente não é apenas um corpo enfermo, mas também um ser espiritual desajustado emocionalmente, necessitando-se tratar esse conjunto e não apenas os órgãos materiais. Esse conceito foi de extrema importância, como sabemos nós espíritas, porque o homem é um Espírito reencarnado. Essa visão holística do enfermo, ou seja, essa compreensão de que não é somente o corpo que está enfermo, está começando a ser enfatizada pela medicina atual. Veja você como os conhecimentos demoram a ser descobertos, aceitos e desenvolvidos!

Outro fato interessante de conhecer é que do século V ao século X, o conhecimento e a prática médica eram transmitidos diretamente do professor para o aluno. Não existiam faculdades de medicina. Lembram-se de que falamos, linhas atrás, que o médico era uma figura ligada a algum culto religioso, pelo fato de se entender que a doença era promovida pelo sobrenatural, por fantasmas, por espíritos? Pois então!

A partir do século XII, a medicina deixou de ser transmitida de professor para aluno e começou a ser ensinada nas escolas formadoras de padres. Os doentes eram levados para os monastérios que funcionavam como hospitais. Nessa época, ciência e religião conviviam muito bem. Eram unidas em favor do homem como devem ser e como, um dia, voltarão a ser.

Já na parte final da Idade Média, Paracelso, que era um médico, voltou a defender que os doentes deveriam ser tratados na sua parte física, mas também deveriam receber conforto espiritual. Mal sabia ele como, um dia, a Doutrina Espírita esclareceria que a origem das doenças está, exatamente, no Espírito imortal!

No século XIX, o mesmo em que surgiu a Doutrina Espírita, começam as descobertas dos microorganismos, ou seja, daqueles seres microscópicos causadores das doenças. Como exemplo, podemos citar Pasteur, Koch que descobriu a bactéria responsável pelo antrax, o bacilo da tuberculose e a cólera. Caía por terra a teoria de os espíritos, de os fantasmas, de os miasmas serem os responsáveis pelas enfermidades. Começava-se, como dizemos no ditado popular, a "dar nomes aos bois".

No final do século XX, com todo o desenvolvimento que a medicina alcançou, surgiu um fato bastante digno de ser registrado: a ciência começou a perceber que a fé interferia na evolução e no surgimento das doenças! É isso mesmo.

Começou a perceber o que os fatos demonstravam: a fé interferia, de alguma maneira, no resultado do tratamento. O verdadeiro cientista não se aborrece com essa constatação porque busca a Verdade. O verdadeiro cientista procura pela Verdade que vai beneficiar toda a Humanidade, e não a verdade que satisfaça o seu orgulho pessoal. Muito pelo contrário, observa e parte para estudar o porquê e como a fé interfere.

Já o falso cientista, aquele que está preocupado com a vaidade e com o orgulho, este finge que não vê o que está ocorrendo e procura criar uma cortina de fumaça sobre o fato para que ele não seja investigado. Se esse falso cientista for adepto de alguma religião que não admite a realidade de o Espírito exercer influência importante sobre o corpo material, inventará todas as explicações necessárias para zombar desse fato que está diante dos próprios olhos. Não quer encontrar a Verdade, mas deseja que essa Verdade permaneça desconhecida e ridicularizada. Não foi isso que fizeram e ainda tentam fazer com a Doutrina Espírita?

Justamente na maior superpotência do mundo, os Estados Unidos, a religião começou a ser estudada em seus efeitos sobre a saúde da população. Importantes faculdades de medicina dos Estados Unidos já mantêm um curso que faz parte do currículo dos estudantes, abordando o aspecto religioso e suas repercussões sobre a parte material do homem. Muitos trabalhos científicos se encontram publicados também sobre esse mesmo assunto. O Dr. Harold Koenig, psiquiatra americano da Duke University, é, por exemplo, um dos maiores estudiosos do assunto religião e saúde.

Trabalhos realizados nas últimas três décadas demonstram que o envolvimento religioso determina um maior tempo de vida. É uma realidade. Então, o verdadeiro cientista diante dessa realidade, passa a procurar respostas e não a esconder o fato como fazem os falsos cientistas.

Esses estudos constataram que as pessoas que não tinham nenhum envolvimento religioso, tinham um índice de morte quase duas vezes maior do que aquelas que possuíam alguma religião. Entre essas - veja que dado interessante! - aquelas que iam a seu templo religioso, mais de uma vez por semana, respondiam de maneira nitidamente melhor do que aquelas que iam apenas uma vez.

Existem dados interessantes quando se estudam as moléstias cardiovasculares que podem levar à morte, tais como o infarto do miocárdio e o AVC, popularmente chamado de "derrame".

Dados da Organização Mundial de Saúde (OMS) informam que quase 17 milhões de pessoas morreram em 2002 devido a doenças cardiovasculares! Esse total corresponde a um terço de todas as mortes ocorridas nesse período!

A estimativa para 2020 é a de que a doença do coração e o AVC matem, aproximadamente, 20 milhões de pessoas! É a maior causa de morte entre as mulheres. Do total de pessoas que sofrem um AVC, aproximadamente um terço ficam com sequelas, ou seja, com algum problema que as impedem de voltar a ter uma vida normal. Se projetarmos um terço sobre o total de casos que acontecem, podemos ficar espantados de quantos milhares de pessoas deixam de ter uma vida normal para o resto de sua existência.

No Brasil, em 2004, aproximadamente 250.000 pessoas morreram por problemas cardiovasculares, enquanto que acidentes ou outras mortes violentas mataram, aproximadamente, a metade desse número. O câncer matou cerca de 100.000 pessoas.

Ora, se a fé da pessoa pode auxiliar nesses tristes números, porque "empinar o nariz" diante dessa possibilidade, não é mesmo? Afinal, quem está livre de pertencer, por mais que se cuide, no dia de amanhã, a essa triste estatística? Se a fé pode auxiliar no tratamento de uma enfermidade, por que matar a esperança da pessoa que sofre?

Mas, por que a religião, a fé, podem auxiliar na cura e, até mesmo, na prevenção das enfermidades? Por algum mecanismo mágico? Através de um milagre?

Se o caminho fosse por aí, a ciência não teria se interessado em estudar os possíveis mecanismos que participam na cura.

Quem possui uma religião que não seja de fachada, tem mais auxílio para evitar hábitos nocivos à própria saúde, tais como, o cigarro relacionado ao infarto do miocárdio, câncer de pulmão, das vias urinárias, do esôfago, da boca; a bebida alcoólica exagerada; a gula, impulsionando a pessoa a ingerir mais alimento do que o necessário e que passa a ser acumulado, na forma de gordura e aumenta os riscos de diabetes, pressão alta, AVC, de determinadas formas de câncer. A religião, através dos seus líderes, atualmente alerta contra os perigos do sedentarismo, das doenças sexualmente transmissíveis, entre elas os perigos representados pela AIDS, pela hepatite B e C, etc.

De tal maneira que, a religião (que não é de fachada)

auxilia as pessoas a melhorarem a saúde antes que a doença chegue.

Além disso, a religião pode promover a parte social, a convivência entre as pessoas, o trabalho gratuito em favor daqueles que sofrem, e que são excelentes antídotos contra esse outro mal que assola a humanidade e que é chamado de depressão.

Trabalhos realizados por pesquisadores que desejam a verdade revelaram que, durante a oração sincera, a meditação, determinadas regiões do cérebro tinham aumentada a quantidade de sangue que chegava a esse local. Isso comprovado através de um exame chamado PET scan. Nesse exame, uma substância que pode ser pesquisada é injetada no indivíduo estudado e é feita uma tomografia computadorizada. Pois nessas pessoas sujeitas a esse tipo de pesquisa, constatou-se o aumento de sangue em determinados locais do cérebro. Essa constatação é de grande importância porque abre as portas para pesquisas futuras mais profundas e completas.

Hoje, já é fato consumado que sob situações de estresse, uma região do cérebro secreta substâncias que vão produzir, no sangue, o cortisol, enquanto outras regiões secretam substâncias que vão produzir a liberação de adrenalina e noradrenalina. Esses três componentes - cortisol, adrenalina e noradrenalina diminuem o sistema de defesa do corpo das pessoas. Esse sistema responsável pela defesa do corpo se chama sistema imunológico.

Vivemos cercados de agentes agressores da nossa saúde, tais como bactérias, vírus, fungos, irradiações, variações bruscas de temperatura, problemas graves para serem resolvidos, dificuldades difíceis de ser transpostas. Precisamos estar protegidos pela nossa defesa interna, pelo nosso sistema imunológico. Se ele está enfraquecido, seja por qual razão for, mais facilmente esses agentes externos conseguirão invadir-nos e causar enfermidades.

Lembram-se de quando falamos, em capítulo anterior, sobre as pessoas que pegam gripe com mais facilidade do que outras? Pois então! O sistema imunológico está envolvido nisso. Isso sem falarmos em enfermidades muito mais graves como o câncer. Sim, a queda do estado imunológico do corpo favorece o aparecimento deste mal. Muitas vezes, uma pessoa passa por um grande desgosto, pela perda de um ser muito querido, meses depois surge nela um determinado tipo de câncer, pela queda do estado imunológico ocasionada pelos problemas enfrentados.

Vocês devem estar perguntando: e o que a religião tem a ver com os tais de cortisol, adrenalina e noradrenalina?

A religião, quando vivida em profundidade, com fé, com honestidade, com verdade, torna o estresse da vida, diante dos problemas, menores. Há uma dose maior de força, de confiança, de fé na vitória, o que diminui o estresse. Com estresse menor, menos cortisol, menos adrenalina e noradrenalina e, portanto, melhor sistema imunológico. Melhor sistema imunológico, maior defesa contra os males que nos cercam e nos agridem quando nos apanham desprevenidos.

Estudos comprovam que emoções positivas, tais como, a compaixão, o perdão, o amor fraternal em atividade, agem nesse nível de estresse, diminuindo-o ou anulando-o por completo. Sem estresse, sem adrenalina, sem noradrenalina, sem cortisol, mais imunidade, mais defesa diante de qualquer agente agressor do corpo.

Outro fato comprovado por estudos honestos foi dos pacientes submetidos à oração a distância. Pesquisadores dividiram um grupo grande de pacientes, em dois menores. Para um desses grupos, era pedida a oração, suplicando pela cura deles. Para o outro grupo, nada era pedido. O resultado foi esclarecedor: no grupo que estava recebendo a oração, usaram-se menos antibióticos, os pacientes tiveram três vezes menos complicações do que no grupo que não estava recebendo a oração a distância.

Nós espíritas, sabemos que a oração sincera, nascida da profundidade da alma, movimenta energias benéficas em favor daqueles por quem pedimos. Por isso, é fácil entendermos o resultado benéfico encontrado nas pessoas que receberam a oração quando enfermas.

Além disso, quando oramos com fervor, com palavras nossas, sem nada decorado, pedindo com o coração em favor de alguém, os Espíritos bondosos trazem os recursos do mundo espiritual, administrando-os em benefício daquela pessoa por quem pedimos.

Já pensaram que ótimo quando os cientistas forem também espíritas?! Ou seria melhor dizer quando forem verdadeiramente cristãos?

Quantas maravilhas irão descobrir, quando penetrarem para além dos limites em que hoje se movimentam os cientistas, muitas vezes materialistas, quando agirem em busca da Verdade, livres do orgulho, do egoísmo e do preconceito, que se constituem em fortes amarras ao conhecimento.

Tudo isso nos faz confiar no Mundo de Regeneração que se aproxima, onde haverá mais amor e menos dor, mais imunidade e menos estresse, mais paz e mais felicidade para todo aquele que fizer jus a nele reencarnar.

Nas profundidades do ser

Existem duas palavras extremamente perigosas de ser empregadas. São elas: NUNCA e SEMPRE. Apenas quando nos referimos a Deus, podemos empregá-las com tranquilidade. Por exemplo: Deus NUNCA erra; Deus SEMPRE está correto. Mas quando empregamos em relação a outras coisas ou pessoas, corremos o risco de estar enganados.

Por isso mesmo, jamais tivemos a intenção de dizer, em tudo o que foi escrito, que a enfermidade sempre é ligada à dívida do passado. Aliás, esse é um conceito muito errado lançado nas costas da Doutrina Espírita: sempre sofremos porque estamos pagando débitos de outras vidas. Não! Não devemos permitir que esse entendimento incorreto seja atribuído à Doutrina dos Espíritos. O sofrimento, a dor, podem ser expiatórias e provatórias. Quando se trata da dor expiação, aí sim, possui ligação com desequilíbrios do passado. Já na dor provação, não há essa ligação. A dor provação visa permitir ao Espírito, em aprendizado, a oportunidade de aprender o que ainda lhe falta. Mesmo a expiação de fatos anteriores de nossas existências passadas, não precisa ser feita através do sofrimento.

Vamos conhecer um pouco mais sobre os vários tipos de dor? Então, prestemos atenção nos ensinamentos de André Luiz, no livro *Ação e Reação*, quando o Instrutor Druso explica:

"A dor é ingrediente dos mais importantes na economia da vida em expansão. O ferro sob o malho, a semente na cova, o animal em sacrifício, tanto quanto a criança chorando, irresponsável ou semiconsciente, para desenvolver os próprios órgãos, sofrem *a dor--evolução* (destaque do autor), *que atua de fora para dentro,* aprimorando o ser, sem a qual não existiria progresso. Em nosso estudo, porém, analisamos a *dor-expiação, que vem de dentro para fora,* marcando a criatura no caminho dos séculos, detendo-a em complicados labirintos de aflição, para regenerá-la, perante a Justiça... É muito diferente...

— Curioso - exclamou Hilário - não havia pensado ainda em semelhantes conceitos... Dor-evolução, dor--expiação...

— Como temos ainda *dor-auxílio* - atalhou Druso, benevolente.

— Como assim?

E percebendo a surpresa que se nos estampava no rosto, o orientador aduziu:

— Em muitas ocasiões, no decurso da luta humana, nossa alma adquire compromissos vultosos nesse ou naquele sentido. Habitualmente, logramos vantagens em determinados setores da experiência, perdendo em outros. Às vezes, interessamo-nos vivamente pela sublimação do próximo, olvidando a melhoria de nós mesmos. É *assim que, pela intercessão de amigos devotados à nossa felicidade e à nossa vitória, recebemos a bênção de prolongadas e dolorosas enfermidades no envoltório físico, seja para evitar-nos a queda no abismo da criminalidade, seja, mais frequentemente, para o serviço preparatório da desencarnação, a fim de que não sejamos colhidos por surpresas arrasadoras, na transição da morte. O enfarte, a trombose, a hemiplegia, o câncer penosamente suportado, a senilidade prematura e outras calamidades da vida orgânica constituem, por vezes, dores-auxílio, para que a alma se recupere de certos enganos em que haja incorrido na existência do corpo denso, habilitando-se, através de longas reflexões e benéficas disciplinas, para o ingresso respeitável na Vida Espiritual."* (destaque do autor)

Cremos ser esse trecho de André Luiz uma aula sobre os tipos de dor que nos visitam aqui na Terra. Gostaríamos de deixar uma colocação sobre a dor--evolução a que os animais estão submetidos. Esses nossos irmãos, em busca do crescimento e do aprimoramento, são submetidos também a esse tipo de dor pela permissão da Misericórdia Divina. Quem julgar ser um absurdo admitir que o animal também evolua, interrogue a própria consciência, procurando o motivo pelo qual Francisco de Assis chamava-os de irmãos. São criaturas de Deus e como tais submetidos à Lei maior.

Se nos auxiliam em nossos trabalhos neste planeta de provas e expiações, alguns deles servindo com a própria vida nas pesquisas de laboratório onde padecem muito diante da nossa indiferença e nos matadouros onde a inferioridade do homem se revela de maneira muito evidente, devem ser respeitados e não agredidos e maltratados como, infelizmente, ainda são. Cabe ao mais forte amparar o mais fraco neste Universo, onde tudo se encadeia e tem um objetivo sublime, tão sublime que ainda não conseguimos entender. Que não sejamos nós, seres humanos racionais, os instrumentos para que a dor--evolução atinja os animais como, infelizmente, se vê todos os dias. Animais atirados na rua como se fossem uma caixa velha sem utilidade; abandonados em estradas à mercê da fome, da dor do abandono, da sede porque não interessam mais aos seus donos; animais espancados para dar vazão aos problemas que atingem os seus proprietários.

Afinal, acreditamos ou não que eles são criaturas de Deus? Cremos ou não que devemos aos seres inferiores o mesmo auxílio que suplicamos aos Espíritos Superiores? Nós espíritas que sabemos muito bem que em nossos irmãos animais estagia um princípio inteligente em trabalho evolutivo para um dia ingressar no reino hominal, assim como desejamos, um dia ingressar, no reino angelical, temos uma cota de responsabilidade muito grande perante esses seres que o Criador colocou na Natureza com direito à vida e à evolução.

Entretanto, o exercício do amor é uma das maneiras de nos resgatar perante a dívida que temos com a própria consciência. Não foi isso que o Apóstolo Pedro quis ensinar, quando afirmou que o amor cobre a multidão dos pecados? Não foi isso que Jesus quis ensinar, quando afirmou que muito havia sido perdoado à mulher que muito havia amado? Se recusarmos esse caminho, nos depararemos com a alternativa da dor. O Criador não nos tolhe o livre-arbítrio. Entretanto, sejamos inteligentes em nossa escolha para não lamentarmos mais tarde.

Citemos instruções contidas no livro *Ação e Reação*, do Espírito André Luiz, em que o Instrutor espiritual comenta sobre o socorro às vítimas de um acidente aéreo, alvo do estudo de André Luiz e seu amigo Hilário:

"Imaginemos que fossem analisar as origens da provação a que se acolheram os acidentados de hoje...

Surpreenderiam, decerto, delinquentes que, em outras épocas, atiraram irmãos indefesos do cimo de torres altíssimas, para que seus corpos se espatifassem no chão; companheiros que, em outro tempo, cometeram hediondos crimes sobre o dorso do mar, pondo a pique existências preciosas, ou suicidas que se despenharam de arrojados edifícios ou de picos agrestes, em supremo atestado de rebeldia, perante a Lei, os quais, por enquanto, somente encontraram recurso em tão angustioso episódio para transformarem a própria situação. Quantos milhares de irmãos encarnados possuímos nós, em cujas contas com os Tribunais Divinos figuram débitos desse jaez? Entretanto, não desconhecemos que nós, consciências endividadas, podemos melhorar nossos créditos, todos os dias. Quantos romeiros terrenos, em cujos mapas de viagem constam surpresas terríveis, são amparados devidamente para que a morte forçada não lhes assalte o corpo, em razão dos atos louváveis a que se afeiçoam!... Quantas intercessões da prece ardente conquistam moratórias oportunas para pessoas cujo passo já resvala no cairel do sepulcro?!... quantos deveres sacrificiais granjeiam, para a alma que os aceita de boamente, preciosas vantagens na Vida Superior, onde providências se improvisam para que se lhes amenizem os rigores da provação necessária?! *Assim é que, gerando novas causas com o bem, praticado hoje, podemos interferir nas causas do mal, praticado ontem, neutralizando-as e reconquistando, com isso, o nosso equilíbrio* (destaque do autor). Desse modo, creio mais justo incentivarmos o serviço do Bem, através de todos os recursos ao nosso alcance. A caridade e o estudo nobre, a fé e o bom ânimo, o otimismo e o trabalho, a arte e a meditação construtiva constituem temas renovadores, cujo mérito não será lícito esquecer, na reabilitação de nossas ideias e, consequentemente, de nossos destinos."

Se você deseja uma prova concreta dessa afirmativa anterior, vejamos o que nos narra Laerte Agnelli, em seu livro *Traços de CHICO XAVIER*, Editora GEEM:

"Um homem de uns 35 anos sofria há quase 10 anos de uma doença incurável - e bizarra: todo mês, durante uma semana, seu corpo se cobria de feridas que queimavam como fogo.

E médico nenhum explicava.

Pois após essa semana, seu corpo voltava ao normal.

Penalizado, Chico explicou:

— 'em sua vida passada, sua ganância fez você matar o próprio pai, para ficar com seus bens. E matou ateando fogo ao seu leito!

Mas... nesta vida, você pratica o bem e tem até um abrigo para mais de 100 crianças. É atencioso, é bom. Por isso, ao atingir a idade de 26 anos - que foi quando matou seu pai na outra vida - ao invés de ter a morte igual (ser queimado), você tem apenas uma semaninha de dor'..."

Eis aí uma prova que existiu, como existem muitas outras, da ação do bem atenuando as nossas expiações. O grande problema é questionarmo-nos: afinal, acreditamos nessa realidade ou não? Aquele que crê de forma consciente, confia. Como tem sido com você?

Diante desses ensinamentos provenientes do mundo espiritual superior, como afirmar que a doença está sempre vinculada à expiação de erros do passado, se podemos modificar, no presente, a intensidade das dores programadas para cada reencarnação? Não conhecemos direito o Deus que nos criou. Guardamos a imagem do deus vingativo capaz de castigar Seus filhos como apregoam tantas religiões. No entanto, não foi esse Deus que Jesus nos revelou, mas sim, um Pai que é Amor, a cuidar de toda a obra da Sua criação. Esse Pai sempre nos permite modificarmos para melhor o nosso destino, quando arregaçamos as mangas no trabalho do bem.

Por isso, gostaria que ficasse bem claro que não estamos afirmando que todas as enfermidades possuem caráter expiatório, podendo existir aquelas que buscam trazer ao enfermo ensinamentos que lhe permitam crescer diante de si mesmo.

Paulo Alves Godoy, um grande escritor do movimento espírita com livros de valioso conteúdo para todos aqueles que desejam aprender, em seu livro *O Evangelho por Dentro*, assim se pronuncia sobre o assunto da dor na interpretação espírita:

"Seria ilógico acreditar que todo o sofrimento tem como origem uma falta. Em numerosos casos, trata-se de provas escolhidas pelo Espírito, com o fito de acelerar o seu ciclo evolutivo e poder atingir mais rapidamente a perfeição. Desta maneira, chega-se à seguinte assertiva: a expiação serve sempre de prova, mas a prova nem sempre é expiação. De qualquer maneira, tanto a prova como a expiação são fatores que indicam uma inferioridade relativa, pois o Espírito que tenha atingido a perfeição jamais precisa ser provado."

Sendo a doença uma espécie de sofrimento, ela não pode ser enquadrada como fruto sempre de um resgate do passado culposo.

Mas, quando existe essa ligação culpa-doença e não conseguimos produzir no campo do bem como recomenda o Instrutor de André Luiz e Hilário, no trecho acima, vejamos como a necessidade de reequilibrar o Espírito imortal através da enfermidade se processa. A explicação, mais uma vez, é feita através de André Luiz, pela psicografia abençoada de Chico Xavier, no mesmo livro anteriormente citado:

"Não podemos olvidar que a imprudência e o ócio se responsabilizam por múltiplas enfermidades, como sejam os desastres circulatórios provenientes da gula, as infecções tomadas à carência de higiene, os desequilíbrios nervosos nascidos da toxicomania e a exaustão decorrente de excessos vários.

De modo geral, porém, a etiologia das moléstias perduráveis, que afligem o corpo físico e o dilaceram, guardam no corpo espiritual as suas causas profundas (destaque do autor).

A recordação dessa ou daquela falta grave, mormente daquelas que jazem recalcadas no espírito, sem que o desabafo e a corrigenda funcionem por válvulas de alívio às chagas ocultas do arrependimento, cria na mente um estado anômalo que podemos classificar de "zona de remorso", em torno da qual a onda viva e contínua do pensamento passa a enovelar-se em circuito fechado sobre si mesma, com reflexo permanente na parte do veículo fisiopsicossomático ligada à lembrança das pessoas e circunstâncias associadas ao erro de nossa autoria.

Estabelecida a ideia fixa sobre esse 'nódulo de forças mentais desequilibradas', é indispensável que acontecimentos reparadores se nos contraponham ao modo enfermiço de ser, para que nos sintamos exonerados desse ou daquele fardo íntimo, ou exatamente redimidos perante a Lei.

Essas enquistações de energias profundas, no imo da nossa alma, expressando as chamadas dívidas cármicas, por se filiarem a causas infelizes que nós mesmos plasmamos na senda do destino, são perfeitamente transferíveis de uma existência para outra. Isso porque, se nos comprometemos diante da Lei Divina em qualquer idade da nossa vida responsável, é lógico venhamos a resgatar as nossas obrigações em qualquer tempo, dentro das mesmas circunstâncias nas quais patrocinamos a ofensa em prejuízo dos outros. (destaque do autor)

É assim que o remorso provoca distonias diversas em nossas forças recônditas, desarticulando as sinergias do corpo espiritual, criando predisposições mórbidas para essa ou aquela enfermidade (destaque do autor), entendendo-se ainda, que essas desarmonias são, algumas vezes, singularmente agravadas pelo assédio vindicativo dos seres a quem ferimos, quando imanizados a nós em processos de obsessão. Todavia, ainda mesmo quando sejamos perdoados pelas vítimas de nossa insânia, detemos conosco os resíduos mentais da culpa, qual depósito de lodo no fundo de calma piscina, e que, um dia, virão à tona de nossa existência, para a necessária expunção, à medida que se nos acentue o devotamento à higiene moral."

Retornando às explicações simples desse mecanismo apresentado com maestria pelo Instrutor, podemos dizer que, contraída a dívida por injuriarmos a Lei Maior, vinca-se em nosso perispírito a falta cometida. Essa falta registrada funciona como um ponto de desequilíbrio no ser imortal que o Espírito instrutor de André Luiz e de Hilário chama de enquistações de energias profundas.

Quando o Espírito endividado é encaminhado à nova

reencarnação, o seu perispírito apresenta essa energia em desequilíbrio representando a "forma amassada" onde vai ser confeccionado o novo corpo. Essa deformidade da "forma" gera no novo ser físico as condições para que, no devido tempo, se manifeste nesse corpo a doença que proporciona a quitação da dívida contraída em existências anteriores. Por isso que dissemos em capítulo anterior que a doença é o bisturi da alma, porque ela drena, no corpo material, aquilo que está desequilibrado no ser imortal.

Ora, se ficou comprovadamente claro que o problema das doenças tem origem muito mais profunda do que no corpo de carne, voltamos ao raciocínio sobre as cirurgias espirituais. Aprendemos de forma nítida que os Espíritos desencarnados atuam sobre o perispírito conforme nos mostram os trechos das obras de André Luiz. Somente depois é que os efeitos positivos sobre o perispírito se fixam no corpo material. Por que então, denominar de cirurgia espiritual aquelas que se valem de tesouras, bisturi, agulhas e linhas, se o perispírito não pode ser atingido por esses instrumentos?

O corpo espiritual (perispírito) está em outra dimensão vibratória inatingível pelos instrumentos da medicina da Terra. Medicina essa que foi respeitada e valorizada por Chico Xavier em seus problemas físicos. Quando da enfermidade em seu olho, o grande médium e homem--Amor tratava-se com o seu Oftalmologista. Quando de sua angina, Chico tratou-se com o médico da Terra e tomou diversas medicações para cuidar-se. Quando precisou ser operado da próstata, Chico realizou a cirurgia em um Hospital.

Vejamos um pequeno trecho do livro *Chico Xavier – Uma Vida de Amor*, de Ubiratan Machado, 1.ª edição da IDE:

"À medida que o médium foi avançando na estrada da vida, foram surgindo os males. Quanto mais quilometragem mais doenças. Pequenas e grandes, contornáveis e irremediáveis. Todas suportadas com admirável estoicismo. Como o progresso lento da moléstia dos olhos, iniciada mais ou menos em 1931, e que o deixou praticamente cego.

Naquela época, Chico julgava que seria salvo milagrosamente, mediante uma intervenção cinematográfica dos Espíritos. Ledo engano. Emmanuel advertiu-o para as inevitáveis imperfeições do corpo, e recomendou-lhe que não menosprezasse a medicina, que '*está no mundo em nome da Divina Providência*.'

O médium conformou-se. Conta-se que Zé Arigó, lá pelos idos dos anos 60, quando se achava no auge, ofereceu-se para operá-lo da vista. Chico teria se esquivado, delicadamente. Verdade ou não, o fato é que Chico, hoje (1992*), está praticamente cego do olho esquerdo - sujeito a constantes sangramentos - e com apenas 50% de visão na vista direita. Mas o médium acha que todo esse sofrimento lhe foi benéfico."

É possível ser mais claro do que este último comentário de Emmanuel sobre a medicina estar no mundo em nome da Divina Providência? Por isso voltamos a repetir: cirurgia espiritual é aquela que atua sobre o perispírito, enquanto que, no corpo material, deve intervir a medicina dos homens com seus bisturis, tesouras, pinças, agulhas e tudo o mais que se fizer necessário. O médium, à disposição dos Espíritos no socorro aos encarnados, deve atuar através da imposição

* *Chico Xavier: Uma vida de amor* - Ubiratan Machado - 1ª edição, IDE - Araras, 1992.

das mãos fornecendo a energia que será manipulada pela Espiritualidade da maneira que ela entender que deva ser feita. Afinal, como o próprio nome está dizendo, cirurgia espiritual é o socorro dos Espíritos sobre o encarnado. Não se vale de objetos da medicina da Terra como deixou bem claro Chico Xavier. Quem mais do que ele recebeu o socorro dos Espíritos Superiores pelos méritos da elevada missão que desenvolvia? No entanto, quando os materiais cirúrgicos trabalharam sobre o seu corpo, isso foi feito dentro do hospital e não através de mãos leigas.

Falando mais uma vez sobre o Chico, gostaríamos de lembrar um outro acontecimento ocorrido com ele e o Espírito Dr. Bezerra.

Em uma determinada ocasião estava o Chico com dores muito fortes no seu olho doente, a ponto dele suplicar o socorro do Dr. Bezerra. Quando o Benfeitor surgiu diante de sua visão mediúnica, perguntou-lhe o que o Chico desejava. O médium respondeu-lhe, pedindo socorro para a sua vista que estava causando-lhe enormes dores. Só que o Chico, dentro da humildade que o caracterizava, se expressou dessa maneira:

" — Dr. Bezerra, eu imploro o seu auxílio para esta *besta* a serviço da Providência Divina sobre a face da Terra.

Dr. Bezerra então, perguntou:

— Se você se julga uma besta Chico, então o que é que eu sou?

E a resposta do mineiro:

— O senhor, Dr. Bezerra, o senhor é o Veterinário de Deus!"

É preciso dizer que o Espírito Bezerra de Menezes sorriu junto com o seu atendido?

Tudo o que aprendemos até aqui com os vários autores que foram mencionados, se resume no alerta do Médico Divino diante de determinados enfermos a quem curou: "Vai e não peques mais para que não te suceda o pior."

Era a cura definitiva porque de profundidade. Atingia essa proposta de Jesus a causa das enfermidades e não os seus efeitos manifestados no corpo material.

Encerremos com mais um ensinamento contido na obra de André Luiz, *Entre a Terra e o Céu:*

"A enfermidade, como desarmonia espiritual - atalhou o instrutor -, sobrevive no perispírito. As moléstias conhecidas no mundo e outras que ainda escapam ao diagnóstico humano, por muito tempo persistirão nas esferas torturadas da alma, conduzindo-nos ao reajuste. A dor é o grande e abençoado remédio. Reeduca-nos a atividade mental, reestruturando as peças de nossa instrumentação e polindo os fulcros anímicos de que se vale a nossa inteligência para desenvolver-se na jornada da vida eterna. Depois do poder de Deus, é a única força capaz de alterar o rumo de nossos pensamentos, compelindo-nos a indispensáveis modificações, com vistas ao Plano Divino, a nosso respeito, e de cuja execução não poderemos fugir sem graves prejuízos para nós mesmos."

Por isso mesmo é que a melhor cirurgia para o tratamento das enfermidades é a recomendada por Jesus quando ele nos propõe a reforma íntima, que é exatamente aquela que dispõe de todos os instrumentos "cirúrgicos" para agir no perispírito.

O MELHOR TRATAMENTO

No século XVI, um nobre europeu ficou famoso por defender os benefícios de comer menos para viver mais. Ele alcançou a notável cifra de 103 anos de vida, uma marca espantosa para uma época em que a medicina muito pouco podia oferecer no combate às enfermidades.

Todos os enfermos curados por Jesus também encontraram a morte demonstrando que o corpo material, por mais que dure, se desgasta e acaba mais cedo ou mais tarde. Por isso mesmo, Jesus oferecia a cura definitiva ao recomendar: *Não tornes a pecar, para que não te aconteça nada pior.*

Lembram-se do paralítico Natanael Ben Elias, que após ser curado por Jesus foi comemorar junto com amigos, mulheres e bebida? O ex-paralítico preparava com esse comportamento novos encontros com as enfermidades oriundas dos desequilíbrios da sua alma. E como vamos nós, espíritas?

Comecemos com uma receita mais branda do Espírito José Grosso:

Dez gramas de juízo na cabeça. (e como tem faltado, não é mesmo?)

Serenidade da mente. (temos tido no trânsito?)

Equilíbrio nos raciocínios. (quando a discussão se desenha no horizonte)

Elevação nos sentimentos. (diante do noticiário pessimista da imprensa)

Pureza nos olhos. (ao observarmos nosso semelhante)

Vigilância nos ouvidos. (diante da maledicência)

Lubrificante na cerviz. (quando o orgulho nos invade)

Interruptor na língua. (perante a fofoca)

Amor no coração. (quando recebemos a ofensa)

Serviço útil e incessante nos braços. (quando contemplamos a poltrona confortável)

Simplicidade no estômago. (sentados à mesa farta)

Boa direção nos pés. (servindo-nos do livre-arbítrio)

Uso diário em temperatura de boa-vontade. (que nunca faltou aos Apóstolos)

Vamos agora para uma receita mais amarga um pouco. Mais amarga e mais difícil de ser seguida, porque mais verdadeira. Porque mexe com nosso comodismo. Porque não oferece a solução comodista das outras religiões que prometem a cura instantânea e definitiva para os males do corpo. Porque vem de dentro para fora, e não alcança o doente de fora para dentro. Porque segue a orientação de Jesus na sua proposta da cura definitiva. A receita é de Joanna de Ângelis:

"As enfermidades são a presença da sombra nos equipamentos-luz do ser. Porque não hajam alcançado a plenitude do desenvolvimento, esses mecanismos sofrem os impactos da mente em desalinho - geradora de pensamentos mórbidos e atos perturbadores - cujo teor vibratório alcança-os, desconectando-os e abrindo campo para que se instalem as infecções degenerativas, as distonias emocionais e psíquicas.

Enquanto houver no ser humano prevalência dos impulsos de violência e de ressentimento, de ciúme e de ódio, de amargura e de mentiras, maledicências, calúnias, a problemática da enfermidade nele predominará.

É indispensável que lhe ocorra uma mudança de comportamento mental, a fim de que se dê a cura real, e se erradiquem os miasmas pestilenciais que intoxicam as células e as debilitam.

O amorterapia é a solução que te está ao alcance. Não apenas te proporcionará a recuperação da saúde, se te encontras enfermo, como te fortalecerá para que evites adoecer.

A harmonia do Criador encontrará ressonância no teu campo vibratório, rico de amor, invadindo-te e dominando o teu corpo, a tua existência."

Percebemos nesses ensinamentos de Joanna de Ângelis a mesma proposta de reforma interior encontrada na poesia de José Grosso, só que nesta, de forma mais branda porque colocada de maneira engraçada. Mas a diretriz é a mesma: reformulação da criatura interessada na saúde definitiva, voltando a sua sintonia com a harmonia do Universo, que nada mais é do que a integração de cada um de nós com a proposta do Amor.

Vejamos em André Luiz como é importante essa disposição interior de voltar-se de maneira definitiva para o Bem:

"Postávamo-nos, agora, ao lado de um cavalheiro idoso, para cujo organismo Anacleto me reclamou a atenção.

Analisei-o acuradamente. Com assombro, notei-lhe o fígado profundamente alterado. Outra nuvem, igualmente escura, cobria grande parte do órgão, compelindo-o a estranhos desequilíbrios.

Toda a vesícula biliar permanecia atingida. E via-se, com nitidez, que os reflexos negros daquela pequena porção de matéria tóxica alcançavam o duodeno e o pâncreas, modificando o processo digestivo.

Alguns minutos de observação silenciosa davam-me a conhecer a extrema perturbação de que o órgão da bile se sentia objeto. As células hepáticas pareciam presas de perigosas vibrações.

Enderecei ao amigo espiritual meu olhar de admiração.

— Observou? - disse ele, bondosamente - toda perturbação mental é ascendente de graves processos patológicos. *Afligir a mente é alterar as funções do corpo. Por isso, qualquer inquietação íntima chama-se desarmonia e as perturbações orgânicas chamam-se enfermidades* (destaque do autor).

Colocou a destra amiga sobre a fronte do cavalheiro e acrescentou:

— Este irmão, portador dum temperamento muito vivo, está cheio dos valores positivos da personalidade humana. Tem atravessado inúmeras experiências em lutas passadas e aprendeu a dominar as coisas e as situações com invejável energia.

Agora, porém, está aprendendo a dominar a si mesmo, a conquistar-se para a iluminação interior (destaque do autor). Em semelhante tarefa, contudo, experimenta choques de vulto, porquanto, dentro da sua individualidade dominadora, é compelido a destruir várias concepções que se lhe figuravam preciosas e sagradas.

Nesse empenho, os próprios ensinamentos do Cristo, que lhe serve de modelo à renovação, doem-lhe no íntimo como marteladas, em certas circunstâncias. Este homem, no entanto, *é sincero e deseja de fato reformar-se* (destaque do autor). Mas sofre intensamente, porque é obrigado a ausentar-se de seu campo exclusivo, a caminho do vasto território da compreensão geral. No círculo dos conflitos dessa natureza, vem lutando desde ontem, dentro de si mesmo, para acomodar-se a certas imposições de origem humana que lhe são necessárias ao aprendizado espiritual, e, no esforço mental gigantesco, ele mesmo produziu pensamentos terríveis e destruidores, que segregaram matéria venenosa, imediatamente atraída para o seu ponto orgânico mais frágil, que é o fígado. *Ele, porém, está em prece regeneradora e facilitará nosso serviço de socorro, pela emissão de energias benéficas* (destaque do autor). Não fosse a oração que lhe renova as forças reparadoras, e não fosse o socorro imediato de nossa esfera, *poderia ser vítima de doenças mortais do corpo* (destaque do autor). A permanência de matéria tóxica, indefinidamente, na intimidade deste órgão vital, determinaria movimentos destruidores para os glóbulos vermelhos do sangue, complicaria as ações combinadas da digestão e perturbaria, de modo fatal, o metabolismo das proteínas.

Anacleto fez uma pausa mais longa, sorriu cordialmente e acentuou:

— Isto, porém, não acontecerá. *Na luta titânica em que*

se empenha consigo mesmo (destaque do autor), a vontade firme de acertar é a sua âncora de salvação."

Você já pensou se o ultrassom da medicina dos homens pudesse ver cada paciente como a visão do Espírito André Luiz ao descrever a vesícula biliar e o fígado do enfermo?

Mais uma vez, ressalta-se a desarmonia interior como fonte das enfermidades das quais fugimos constantemente. Como não realizamos a reforma íntima, continua a desarmonia interior numa atitude parecida a quem fecha bem as portas e as janelas da casa com o ladrão dentro. Temos procurado deixar em destaque os trechos que repetem seguidamente as lições fundamentais ao nosso entendimento sobre o mecanismo desequilíbrio--doença, como também a necessidade da reforma interior que somente os interessados poderão realizar. Por isso a Doutrina Espírita não promete a saúde se aquele que a busca persiste no mesmo caminho que o paralítico Natanael Ben Elias optou por continuar. A Doutrina Espírita não é uma religião de oferecer ilusões, mas de nos proporcionar os meios de nos ensinar a Verdade, Verdade essa que, segundo Jesus, nos libertaria do ciclo que se fecha sobre si mesmo de semeadura e colheita, ou se preferirmos, do erro-sofrimento.

Já é hora de partirmos para a medicação definitiva, da dose plena para todo aquele que deseja realmente a cura definitiva de todos os seus males do corpo (onde se manifestam o efeito) e da alma (causa desses efeitos).

Relembremos o Evangelho de Mateus, cap. V, v. 44, 46, 47 e 48:

"Amai os vossos inimigos; fazei o bem àqueles que vos odeiam e orai por aqueles que vos perseguem e que vos caluniam; porque se não amais senão aqueles que vos amam, que recompensa com isso tereis? Os publicanos não o fazem também? E se vós não saudardes senão vossos irmãos, que fazeis nisso mais que os outros? Os pagãos não o fazem também? SEDE POIS, VÓS OUTROS, PERFEITOS COMO VOSSO PAI CELESTIAL É PERFEITO." (destaque do autor)

Obviamente que essa passagem de Mateus não tem a ingenuidade de nos propor que lutemos para atingir a perfeição do próprio Deus porque isso jamais seria possível. Naquela época, Jesus conviduva o povo para a melhoria íntima e utilizou a figura máxima conhecida por eles que era o próprio Criador. Hoje sabemos que a perfeição que nos é dada por referência é o Cristo, definido em *O Livro dos Espíritos* como Modelo e Guia de toda a Humanidade (L. E. questão n.º 625). Essa meta nos aguarda no final de nossa jornada em busca da perfeição. E foi ele, esse ser perfeito quem nos propôs a cura definitiva de todos os nossos sofrimentos, utilizando a medicação do Amor, tomado todos os dias em pequenas doses nos horários em que realizamos a nossa reforma interior.

Na "bula" dessa medicação, existe um esclarecimento em destaque:

"O verdadeiro homem de bem é aquele que pratica a lei de justiça, de amor e de caridade em sua maior pureza. Se interroga a consciência sobre seus próprios atos, pergunta a si mesmo se não violou essa lei; se não fez o mal e se fez todo o bem que podia; se negligenciou voluntariamente uma ocasião de ser útil; se ninguém tem o que reclamar dele; enfim, se fez a outrem tudo o que quereria que se fizesse para com ele." (E. S. E. - questão 918)

Não há nenhuma contraindicação para esse remédio. Os sintomas - o sofrimento - irão acabar. Qualquer dúvida é só retornar à consulta com o Médico Jesus através da oração, que não tem necessidade de marcar hora no consultório da alma.

Sócrates e Platão, precursores das ideias do Cristianismo e do Espiritismo, já ensinavam que os médicos fracassavam na maioria das doenças porque tratavam o corpo sem alma, e que, o todo não estando em bom estado, é impossível que a parte se porte bem.

Jesus ampliou essa receita gratuita para todos os homens que não desejam agir como Natanael Ben Elias. Entretanto, o único que poderá tomar o remédio é o próprio interessado. Você está disposto a iniciar o tratamento, ou prefere procurar uma religião que ofereça uma maneira mais fácil de curar o corpo, embora o Espírito permaneça enfermo?

Cirurgia psíquica

É fácil entender que os recursos de tratamento do mundo espiritual são muito maiores, exatamente pelo fato de os Espíritos que cuidam da saúde enxergarem o todo, ou seja, corpo físico, perispírito e Espírito. A medicina da Terra, como dissemos anteriormente, começa a engatinhar naquilo que é chamado de visão holística do doente, isto é, o paciente não é só o corpo enfermo, mas algo muito maior em desequilíbrio. Sócrates e Platão já entendiam assim. Consta da afirmativa deles que os médicos fracassavam porque tratavam do corpo sem a alma. Naquela época distante já entendiam que não poderia haver saúde na casa (corpo) se o inquilino (Espírito) não estava bem.

Quando no mundo dos Espíritos o ser é examinado, a visão holística confere um diagnóstico de certeza e permite o tratamento da causa do problema que é o desequilíbrio do ser imortal. Na Terra, tratamos o efeito - corpo físico - persistindo a causa - Espírito - sem correção porque a medicação alopática atua nas engrenagens materiais. A Homeopatia é uma especialidade médica que, por enxergar o todo, utiliza-se de substâncias dinamizadas que procuram atuar além dos limites do ser material.

Um dia, com certeza, talvez no Mundo de Regeneração venhamos a contar com recursos mais próximos daqueles utilizados há muito tempo no mundo espiritual.

Enquanto isso não ocorre, tomemos a consciência possível desses meios de tratamento utilizados pelos Espíritos Amigos.

No livro *Evolução em Dois Mundos,* André Luiz nos ensina:

"Na Espiritualidade, os servidores da Medicina penetram, com mais segurança, na história do enfermo para estudar, com o êxito possível, os mecanismos da doença que lhe são particulares.

Aí, os exames nos tecidos psicossomáticos com aparelhos de precisão, correspondendo às inspeções instrumentais e laboratoriais em voga na Terra, podem ser enriquecidos com a *ficha cármica* (destaque do autor) do paciente, a qual determina quanto à reversibilidade ou irreversibilidade da moléstia, antes de nova reencarnação, motivo por que numerosos doentes são tratáveis, mas somente curáveis mediante longas ou curtas internações no campo físico, a fim de que as causas profundas do mal sejam extirpadas da mente pelo contacto direto com as lutas em que se configuram."

Interessante essa colocação de André Luiz em que ele distingue os doentes tratáveis e os doentes curáveis. Existem, portanto, patologias que podem ser solucionadas no mundo espiritual, mas existem aquelas que, por sua gravidade, exigem uma nova reencarnação para que possam ser curadas. Nessas reencarnações que visam curar os Espíritos doentes é que ocorrem as enfermidades no corpo físico que funcionam como dreno das mazelas morais, das energias espirituais desequilibradas, proporcionando a cura do ser imortal. Essa é uma revelação muito interessante e diferente para nós, os encarnados. A doença do corpo curando a doença da alma! É por isso que no livro *Lições da Vida*, psicografado pelo médium Baccelli, de autoria do Irmão José, este Espírito ensina que "toda resposta dos Céus às orações dos homens passa pelo crivo do merecimento, da necessidade e da conveniência."

Por maior que possa ser o nosso espanto, muitas vezes estamos reencarnados e atingidos por uma enfermidade que nos faz sofrer, como parte do nosso tratamento como Espíritos imortais. Nessas ocasiões, nossas orações, pedindo pela cura, não são atendidas, porque não é conveniente interromper o tratamento determinado pela Lei da Vida, por mais que a doença ameace o ser material, desde que ela seja o remédio de que necessitemos aos olhos do Mundo Espiritual.

Quando dizemos que a oração não é atendida, jamais queremos afirmar que o socorro de Deus nos abandona. Não. Se a cura do físico não é possível, o amparo da Providência se faz através do auxílio do invisível para que possamos suportar a medicação amarga da qual temos necessidade para curar-nos como Espíritos imortais. Por desconhecermos esses mecanismos da Lei que nos rege como seres imortais é que achamos que nossas preces não foram ouvidas. Como também ensina o Irmão José nesse mesmo livro, não há nenhuma prece que não seja ouvida por aqueles que nos tutelam sobre a Terra. O que acontece é a explicação fornecida por André Luiz, ao ensinar que, em muitas ocasiões, estamos em tratamento exatamente através de uma doença que não poderá ser interrompida em sua marcha para o nosso próprio bem como Espíritos imortais.

Continuemos com os ensinamentos de André:

"Curial*, portanto, é que o médico espiritual se utilize ainda, de certa maneira, da medicação que vos é conhecida, no socorro aos desencarnados em sofrimento, porque, mesmo no mundo, todo remédio da farmacopeia humana, até certo ponto, é projeção de elementos quimiolétricos sobre as agregações celulares, estimulando-lhes as funções ou corrigindo-as, segundo as disposições do desequilíbrio em que a enfermidade se expresse.

Contudo, é imperioso reconhecer que na Esfera Superior o médico não se ergue apenas com o pedestal da cultura acadêmica, qual ocorre frequentemente entre os homens, mas sim também com as qualidades morais que lhe confiram valor e ponderação, humildade e devotamento, visto que a psicoterapia e o magnetismo, largamente usados no plano extrafísico, exigem dele grandeza de caráter e pureza de coração."

Não é difícil compreender que no mundo espiritual os médicos utilizem de substâncias semelhantes às utilizadas na Terra porque os Espíritos desencarnados também possuem um corpo! Sim, um corpo que nada mais é do que o perispírito. Dissemos medicações semelhantes. É evidente que não poderiam ser iguais porque a constituição do corpo físico e do corpo espiritual (perispírito) é diferente.

Outro aspecto muito interessante desse trecho de André, refere-se à humildade daqueles que exercem o papel

* Curial = Conveniente

de médico. Lá o orgulho não sobe na cabeça de ninguém porque entendem que não são médicos, mas estão médicos. Ou seja, se desonrarem aquilo que fazem, serão tolhidos de continuarem em serviço. Aliás, creio que essa regra se aplique a todos que se dedicam ao Bem no mundo espiritual como aqui na Terra também. O médium que desonra o seu mandato mediúnico não afasta os bons Espíritos?

Se você é um observador atento, como acreditamos que seja, deve estar indagando a essa altura o que tem a ver o título desse capítulo - cirurgia psíquica - com o que até agora foi dito.

No livro *Entre a Terra e o Céu* de André Luiz, existe um capítulo intitulado *Análise mental*, em que ele descreve a penetração dos Espíritos Superiores nos arquivos da memória dos sofredores com o objetivo nobre de auxiliá-los e que corresponderia a uma espécie de cirurgia na mente enferma.

Ao invés de remetermos o leitor ou a amiga leitora à consulta do referido livro, trazemos um trecho esclarecedor do mesmo:

"O relógio terrestre assinalava meia-noite e três quartos, quando tornamos ao singelo domicílio de Antonina.

A casinha dormia, calma.

Acocorado a um canto, o velho Leonardo mantinha-se na sala, pensando... pensando...

Adensávamo-nos, ante a visão dele, e, reconhecendo-nos, ergueu-se e começou a gritar:

— Ajudai-me, por amor de Deus! Estou preso! Preso!...

Clarêncio, bondoso, convidou-o a acomodar-se na poltrona simples e induziu-o à prece.

O velhinho, contudo, alegou total esquecimento das orações que formulara no mundo, crendo que apenas lhe serviriam as palavras decoradas, mas o orientador, elevando a voz, com o intuito evidente de sossegá-lo na confiança íntima, pronunciou comovente súplica à Divina Providência, implorando-lhe proteção e segurança para quem se mostrava tão desarvorado e tão infeliz.

Emocionados com aquela petição que nos renovava igualmente as disposições interiores, observamos que o avô de Antonina se aquietara, resignado.

Clarêncio, logo após a oração, começou a aplicar-lhe forças magnéticas no campo cerebral.

O paciente revelou-se mais intensamente abatido.

A cabeça pendeu-lhe sobre o peito, desgovernada e sonolenta.

Fitando-me de modo significativo, o Ministro ponderou:

— A corrente de força devidamente dinamizada no passe magnético arranca-lo-á da sombra anestesiante da amnésia. Poderemos, então, sondar-lhe o íntimo com mais segurança. Assistido por nossos recursos, a memória dele regredirá no tempo, informando-nos quanto à causa que o retém junto da neta, aclarando-nos, ainda, sobre prováveis ligações que nos conduzirão à chave do socorro, a benefício dele mesmo.

— Mas o retrocesso das recordações poderá verificar-se de improviso? - indagou Hilário, perplexo.

— Sem dúvida - respondeu o instrutor - , a memória pode ser comparada à placa sensível que, ao influxo da luz, guarda para sempre as imagens recolhidas pelo espírito, no curso de seus inumeráveis aprendizados da vida. Cada existência de nossa alma, em determinada expressão da forma, é uma adição de experiência, conservada em prodigioso arquivo de imagens que, em se superpondo umas às outras, jamais se confundem. Em obras de assistência, qual a que desejamos movimentar, é preciso recorrer aos arquivos mentais, de modo a produzir certos tipos de vibração, não só para atrair a presença de companheiros ligados ao irmão sofredor que nos propomos socorrer, como também para descerrar os escaninhos da mente, nas fibras recônditas em que ela detém as suas aflições e feridas invisíveis.

— Quer dizer então que...

A frase de Hilário, porém, se lhe apagou nos lábios, porque o Ministro atalhou, completando-lhe a conceituação:

— A mente, tanto quanto o corpo físico, pode e deve sofrer intervenções para reequilibrar-se. *Mais tarde, a ciência humana evolverá em cirurgia psíquica, tanto quanto hoje vai avançando em técnica operatória, com vistas às necessidades do veículo de matéria carnal. No grande futuro, o médico terrestre desentranhará um labirinto mental, com a mesma facilidade com que atualmente extrai um apêndice condenado*". (destaque do autor)

Caso você não queira candidatar-se a esse tipo de cirurgia, citamos abaixo o mecanismo para que isso seja possível, reproduzindo um pequeno trecho do livro *Nos Domínios da Mediunidade*, do mesmo autor espiritual:

"Vigiemos o pensamento, purificando-o no trabalho incessante do bem, para que arrojemos de nós a grilheta capaz de acorrentar-nos a obscuros processos de vida inferior.

É da forja viva da ideia que saem as asas dos anjos e as

algemas dos condenados. (destaque do autor)

Pelo pensamento, escravizamo-nos a troncos de suplício infernal, sentenciando-nos, por vezes, a séculos de peregrinação nos trilhos da dor e da morte."

Atualmente, na Terra, os processos de análises feitas em consultórios onde a relação seja de profundo respeito pelos problemas do paciente, representa o início dessa cirurgia psíquica, evidentemente sem contar com os recursos muito mais amplos do mundo espiritual exatamente porque a medicina dos homens busca as causas para os problemas atuais numa mesma existência.

Portanto, a cirurgia psíquica é um recurso existente no mundo dos Espíritos para o tratamento profundo dos males da alma.

A vacina para esse mal já era anunciada por Jesus, segundo Mateus, cap. V, vv 25 e 26: "Reconciliai-vos o mais depressa possível com o vosso adversário, enquanto todos estais a caminho, para que ele não vos entregue ao juiz, o juiz não vos entregue ao ministro da justiça e não sejais metido em prisão. - Digo-vos, em verdade, que daí não saireis, enquanto não houverdes pago o último ceitil."

Será que já fizemos um levantamento de quanto lixo mental registramos em nossa memória espiritual com as pequenas rusgas do dia a dia aqui na Terra? Lixos esses que vão se avolumando perante a nossa consciência a ponto de provocar os desequilíbrios energéticos no campo mental, com reflexo no perispírito e, por sua vez, no corpo material que nos abrigará no retorno ao mundo dos encarnados, onde nos deparamos com as doenças que funcionam como o bisturi da alma enferma a drenar a mágoa e todas as espécies de desequilíbrios que, pela invigilância, armazenamos.

Vamos refletir?

Este livro não teve a pretensão, absolutamente, de ser a primeira palavra sobre o assunto da cura pela fé, quanto mais a última!

O conhecimento humano evolui através da história da Humanidade pelo mecanismo da troca de ideias. É isso que estamos propondo a todos aqueles que nos deram a honra de dedicar alguns minutos da sua atenção a essas ideias aqui expostas com as melhores das boas intenções.

Você que teve a paciência de chegar até aqui, permaneça conosco por mais umas linhas, para podermos refletir juntos.

Quando falamos em fé, nos referimos ao seu sentido geral. Não estamos empregando a palavra fé como sinônimo de religião. Lembram-se do agricultor que cultivava amoras e confiava nos efeitos benéficos do chá das folhas da amoreira? Pois, então. Ele simplesmente acreditava nessa hipótese. Tinha fé nela. Confiava que o chá havia feito o seu organismo mais forte, da mesma forma como a seu empregado.

Parodiando Emmanuel, no livro *Pensamento e Vida*:

Fé em alguma coisa ou em alguém é a ausência de dúvidas.

Sem fé, a vida estaciona se é que pode existir.

Temos fé, ao deitarmos para o devido repouso da noite, em que os nossos órgãos (coração, pulmões, rins, fígado, etc.) vão continuar trabalhando para que despertemos no corpo físico, no dia seguinte.

A semente, que é escondida no interior do solo, tem fé em que irá eclodir em uma nova planta.

A flor tem fé em que irá morrer para gerar um novo fruto.

O sol possui a fé em que, após a escuridão da noite, irá surgir renovado e forte na linha do horizonte.

A noite confia em que o sol irá partir, para que ela possa bordar-se de estrelas.

A planta tem fé em que, após a dor da poda, irá renovar-se com novos galhos, folhas e flores.

Confiamos no piloto que comanda o avião, onde nos instalamos para a viagem programada.

Temos fé em que o motorista que dirige o ônibus no qual nos sentamos nos levará, com segurança, ao destino que escolhemos.

A ave que voa, lançando ao ar o seu canto após a tempestade que destruiu o seu ninho, tem fé em que um novo dia de oportunidades irá começar.

O paciente tem fé no trabalho do médico para devolver-lhe a saúde.

Os moradores de um edifício confiam nos cálculos do engenheiro que projetou o prédio onde se instalaram com os seus familiares.

Os alunos têm fé nos conhecimentos do professor que possui o dever de instruí-los.

O réu confia no advogado que defende os seus interesses.

O doente confia no laboratório que manipulou a medicação da qual ele tem necessidade.

Confiamos em que não irá faltar o ar que respiramos, o alimento de que temos necessidade.

Confiamos no carro que nos transporta de um local para outro.

Temos fé em que a nossa vida física aqui na Terra irá se estender por muitos e muitos anos.

Acreditamos, com muita firmeza, em que o filho que embalamos nos braços será alguém de valor na sociedade.

Como então excluir a fé de nossas vidas? Seria possível que essa vida existisse sem a fé que a sustenta?

Quando buscamos algo de que necessitamos muito é essa fé que precisamos ter. A fé que não comporta dúvidas. Foi esse tipo de fé que curou a mulher hemorroíssa que citamos em capítulo anterior.

Compreendendo essa fé inabalável em alguma coisa ou em alguém, retornamos à pergunta-título do livro: A CURA PELA FÉ: SIM OU NÃO?

E a resposta é SIM. PORÉM... É, sempre existe um "porém". Vejamos em que condições a cura será possível, porque a Doutrina Espírita, como já dissemos, não engana a ninguém, prometendo aquilo ou algo que as Leis da Vida não permitem.

Relembramos Jesus no Evangelho de Mateus, cap. V, v. 17 e 18, quando ele afirmou que não vinha destruir a Lei, mas muito pelo contrário, dar-lhe cumprimento até o último jota.

Relembremos também os ensinamentos do Orientador de André Luiz no livro *Ação e Reação,* citado anteriormente:

"Isso porque, se nos comprometemos diante da Lei Divina em qualquer idade da nossa vida responsável, é lógico venhamos a resgatar as nossas obrigações em qualquer tempo, dentro das mesmas circunstâncias nas quais patrocinamos a ofensa em prejuízo dos outros."

Portanto, se nossa dívida perante a Lei tem como forma de pagamento uma determinada enfermidade, como pode atrever-se algum homem a enfrentar essa Lei e determinar que esse ou aquele doente seja curado? Que autoridade possui o homem imperfeito se o nosso Modelo e Guia respeitou a Lei?

Se nem Jesus sentiu-se no direito de alterar a Lei que nos rege a vida, como supor que homens como somos, seja em nome de que religião for, possamos determinar, alterar a Lei e prometer curar, a quem for?

Pensando assim, quem poderá alcançar a cura pela fé se somos endividados perante a própria consciência?

Retornamos com os ensinamentos recebidos por André Luiz no mundo espiritual quando estudava com o seu companheiro Hilário: "*Assim é que, gerando novas causas com o bem praticado hoje, podemos interferir nas causas do mal, praticado ontem, neutralizando-as e reconquistando, com isso, o nosso equilíbrio.*" (destaque do autor)

Mais um ensinamento do Benfeitor Silas a André, reforçando a mesma opinião: "Ainda pela utilidade que soube imprimir aos seus dias, Adelino mereceu a limitação da enfermidade congenial de que é portador. Semelhante moléstia, em face da dívida em que se empenhou, deveria cobrir-lhe todo o corpo, durante muitos e angustiosos lustros de sofrimento, mas, pelos méritos que ele vai adquirindo, a enfermidade não tomou proporções que o impeçam de aprender e trabalhar, porquanto granjeou a ventura de continuar a servir, pelo seu impulso espontâneo na plantação do constante bem." (destaques do autor)

Do que foi dito, podemos entender que, quando estamos sob a ação da Lei, a única situação para atenuá-la é a prática do Bem. Como a luz espanta as trevas, o Bem bloqueia o mal.

Pode acontecer também que a Misericórdia Divina proporcione um adiantamento àquele que não possui crédito. Nesses casos há que se ouvir atentamente o alerta de Jesus ao enfermo de Betesda, citado há pouco em João, 5:14: "Eis que já estás são. Não peques mais, para que não suceda coisa pior."

Lembremos também do paralítico de Cafarnaum, Natanael Ben Elias, que após ser curado por Jesus foi comemorar em uma taberna junto aos falsos amigos, à bebida alcoólica e às mulheres infelizes.

Se incorrermos nesses deslizes, se não prestarmos atenção a esse alerta do Cristo, continuaremos necessitados da visita da dor para a nossa correção. Uma dessas visitas poderá ser representada pela enfermidade com os seus sofrimentos característicos.

Quando a cura acontece é porque a Lei foi alterada por um milagre? Como já dissemos e frisamos novamente, Leis perfeitas não possuem necessidade de ser modificadas. O milagre, da maneira como é compreendido, pressupõe a derrogação, a modificação dessa Lei perfeita, por isso ele não existe. Com recursos energéticos que ainda desconhecemos, mas que os Espíritos Superiores conhecem e manipulam muito bem, a cura pode acontecer naturalmente com os recursos existentes no Universo, sem nada de sobrenatural.

A Doutrina Espírita nos oferece algumas armas para defendermos a saúde de nosso corpo material, importante instrumento de nossa evolução aqui na Terra.

A oração, o passe, a água energizada, o Evangelho no lar e a reforma íntima são condições seguras para possuirmos a saúde do corpo e, o que é mais importante, a saúde do Espírito.

Sobre a prece relacionada com a saúde, recordemos as informações de André Luiz, no livro *Mecanismos da Mediunidade*:

"*É indispensável compreender que a Inteligência encarnada conta com múltiplos meios de preservar o corpo físico em que se demora.* (destaque do autor)

Além dos inestimáveis serviços da pele e da mucosa intestinal que o defendem das intromissões indébitas de elementos físicos e químicos, prontos a lhe arruinarem a estabilidade, o homem consegue mobilizar todo um sistema de quimioterapia bacteriana, atualmente em plena evolução para mais ampla eficiência, com a antibiose ou atuação bacteriostática levada a efeito por determinadas unidades microbianas sobre outras, na vanguarda dos processos imunológicos.

É possível, então, coibir, com relativa segurança, a febre tifóide, as disenterias, a tuberculose, as riquetsioses, a psitacose, as infecções pulmonares e urinárias, etc.; entretanto, não acontece o mesmo, quando nos reportamos à atmosfera psicológica em que toda criatura se submerge na vida social do Planeta.

Visto a distância, o homem, na arena carnal, pode ser comparado a um viajor na selva de pensamentos heterogêneos, aprendendo, por intermédio de rudes exercícios, a encontrar o seu próprio caminho de libertação e de ascese. Mentalmente exposto a todas as influências psíquicas, é imperioso se eduque para governar os próprios impulsos, aperfeiçoando-se moral e intelectualmente, para que se lhe aprimorem as projeções.

No circuito de forças estabelecido com a oração, a alma não apenas se predispõe a regenerar o equilíbrio das células físicas viciadas ou exaustas, através do influxo das energias renovadoras que incorpora, espontaneamente, assimilando os raios da Vida Mais Alta a que se dirige (destaque do autor), mas também reflete as sugestões iluminativas das Inteligências desencarnadas de condição mais nobre, com as quais se coloca em relação."

Endossando esse ensinamento de André Luiz, encontramos em Joanna de Ângelis o mesmo conteúdo, quando ela afirma:

"A oração cria as condições e as circunstâncias para a meditação, que projeta o psiquismo nas esferas elevadas, *assim equilibrando a saúde* e as aspirações, por melhor orientar o sentido da existência e a programática da reencarnação."

No livro *Os Mensageiros,* encontramos a prece de Ismália em favor de necessitados e a descrição de André Luiz sobre os efeitos benéficos da prece sintonizada com as altas Esferas da Espiritualidade Superior:

"Fizera Ismália nova pausa, agora mais longa.

Enxuguei os olhos umedecidos de pranto. Suave calor, todavia, apossava-se-me da alma. E tão intensa era essa nova sensação de conforto, que interrompi a concentração em mim mesmo, a fim de olhar em torno. Fixando instintivamente o alto, enxerguei, maravilhado, grande quantidade de flocos esbranquiçados, de tamanhos variadíssimos, a caírem copiosamente sobre nós que orávamos, exceto sobre os que dormiam. Tive a impressão de que eram derramados do céu sobre nossa fronte, caindo com a mesma abundância sobre todos, desde Ismália ao último dos servidores. Não cabia em mim de admiração, quando novo fenômeno me surpreendeu. Os flocos leves desapareciam ao tocar-nos, começando, porém, a sair de nossa fronte e do peito grandes bolhas luminosas, com a coloração da claridade de que estávamos revestidos, elevando-se no ar e atingindo as múmias numerosas. Ainda aí, reparava o problema da gradação espiritual. As luzes emitidas por Ismália eram mais brilhantes, intensas e rápidas, alcançando muitos enfermos de uma só vez. Em seguida, vinham as fornecidas pelas senhoras do seu círculo pessoal.

Depois, tínhamos as de Aniceto, de Alfredo e dos demais. Os servos de corpo obscuro emitiam vibrações fracas, mas visivelmente luminosas. Cada qual, naquele instante de contacto com o plano superior, revelava o valor próprio na cooperação que podia prestar.

Observando-me o assombro, Aniceto falou-me aos ouvidos

— *Na prece encontramos a produção avançada de elementos-força.* Eles chegam da Providência em quantidade igual para todos os que se deem ao trabalho divino da intercessão, *mas cada Espírito tem uma capacidade diferente para receber*. Essa capacidade é a conquista individual para o mais alto. E como Deus socorre o homem pelo homem e atende a alma pela alma, cada um de nós somente poderá auxiliar os semelhantes e colaborar com o Senhor, com as qualidades de elevação já conquistadas na vida." (destaque do autor)

Vemos, claramente, nesse trecho a chegada, através da prece sincera, dos elementos-força que se derramam dos planos Superiores em favor dos necessitados. Por isso afirmamos que a cura não se trata de um milagre no sentido de ser uma derrogação da Lei que é perfeita, mas sim dos recursos do Mundo Maior que ainda desconhecemos e que promovem o restabelecimento do corpo material e, até mesmo, do Espírito.

Aprendemos, também, uma outra coisa importante: *cada Espírito tem uma capacidade diferente para receber*. Evidentemente que aí nos deparamos com a lei do mérito de cada um, caracterizada pelas suas lutas íntimas em busca da reforma interior. Por isso mesmo, diante de problemas que pareçam iguais ou muito semelhantes, as respostas do mundo espiritual se farão, dando a cada um segundo as suas obras.

Sobre o outro recurso oferecido pela Doutrina Espírita na busca pela cura, lembramos novamente os ensinamentos de André Luiz, quando no livro *Mecanismos da Mediunidade*, ele nos esclarece sobre o passe:

"Estabelecido o clima de confiança, qual acontece entre o doente e o médico preferido, cria-se a ligação sutil entre o necessitado e o socorrista e, *por semelhante elo de forças, ainda imponderável no mundo, verte o auxílio da Esfera Superior, na medida dos créditos de um e de outro.*

Ao toque da energia emanante do passe, com a supervisão dos benfeitores desencarnados, o próprio enfermo, na pauta da confiança e do merecimento de que dá testemunho, emite ondas mentais características, assimilando os recursos vitais que recebe, retendo-os na própria constituição fisiopsicossomática, através das várias funções do sangue.

O socorro, quase sempre hesitante a princípio, corporifica-se *à medida que o doente lhe confere atenção, porque, centralizando as próprias radiações sobre as províncias celulares de que se serve,* lhes regula os movimentos e lhes corrige a atividade, mantendo-lhes as manifestações dentro de normas desejáveis, e, estabelecida a recomposição, volve a harmonia orgânica possível, assegurando à mente o necessário governo do veículo em que se molda."

Fizemos o destaque de três fatos importantes do trecho que enumeramos a seguir:

1.º) o auxílio que verte dos Planos Superiores em forma de energias que desconhecemos, promovendo a cura. Portanto, não se trata de milagre, mas da aplicação de recursos ignorados pelo ser humano.

2.º) socorro condicionado ao crédito de cada necessitado. Quanto mais trabalho no bem, mais crédito; quanto mais crédito, maior a possibilidade do recebimento do socorro necessitado.

3.º) finalmente, a necessidade da sintonia entre o socorrista (médium-Espírito) e o socorrido (doente), lembrando do ensinamento de Kardec sobre a bomba calcante (médium-Espírito) e a bomba aspirante (enfermo) que citamos em local anterior deste livro. Essa sintonia é indispensável para que o trânsito das energias do Mundo Maior possam atingir o necessitado de auxílio. Por isso mesmo, renovamos a atenção das pessoas que se dirigem ao Centro Espírita, em busca do socorro através do passe, para que criem as condições dessa sintonia. Por faltarem essas condições é que, muitas vezes, não se recebe totalmente o que poderia ser obtido e, depois, fica-se criticando a Doutrina Espírita, quando o maior interessado não se empenhou o suficiente. Pode parecer até estranho, mas às vezes, a pessoa que vai receber o passe não simpatiza com a pessoa do médium que vai aplicá-lo. Esse já se constitui em sério obstáculo para que as energias alcancem o necessitado. Se não devemos alimentar mágoas em nosso dia a dia, quanto mais no momento delicado do recebimento do passe. Começando por colocar para fora do nosso ser ressentimentos aí acumulados, já estamos dando curso ao tratamento para os males que nos atingem. Mais do que nunca, na ocasião do socorro através do médium, essa é uma bela ocasião para nos posicionarmos no equilíbrio que o amor nos recomenda.

Abordaremos agora as lições sobre a água energizada através do passe que muitas vezes as pessoas ingerem sem o conhecimento mais profundo sobre ela.

Como sempre, repaldamo-nos nas lições de André Luiz.

A primeira está contida no livro *Nosso Lar,* quando André toma o primeiro contato sobre a importância da água no mundo espiritual:

"Nesta cidade espiritual (Nosso Lar), aprendemos

a agradecer ao Pai e aos seus divinos colaboradores semelhante dádiva. Conhecendo-a mais intimamente, sabemos que *a água é veículo dos mais poderosos para os fluidos de qualquer natureza.* (destaque do autor)

Aqui ela é empregada sobretudo como alimento e *remédio. Há repartições no Ministério do Auxílio absolutamente consagradas à manipulação de água pura, com certos princípios suscetíveis de serem captados na luz do Sol e no magnetismo espiritual.* (destaque do autor)

Na maioria das regiões da extensa colônia, o sistema de alimentação tem aí suas bases. Acontece, porém, que só os ministros da União Divina são detentores do maior padrão de espiritualidade superior, entre nós, cabendo-lhes a magnetização geral das águas do Rio Azul, a fim de que sirvam a todos os habitantes de *Nosso Lar*, com a pureza imprescindível. Fazem eles o serviço inicial de limpeza e os institutos realizam trabalhos específicos, no suprimento de substâncias *alimentares e curativas"*. (destaque do autor)

Veremos, nos próximos trechos, a ação curativa através da água energizada pelo Mentor, proporcionando socorro aos necessitados. Esse segundo ensinamento está contido no livro *Ação e Reação*. Fica esclarecida, desde já, a possibilidade de os Espíritos colocarem na água que será oferecida à pessoa que busca o socorro, recursos oriundos da espiritualidade, desconhecidos pelos encarnados. Aliás, se você reparar bem, muitas religiões já estão se valendo de um copo de água durante a oração, embora não admitam a intervenção dos Espíritos nessa oportunidade de socorro aos encarnados. Também já seria querer demais, não é? Mas, devagarzinho, eles vão chegando lá porque a Verdade não conhece fronteiras religiosas. Voltemos a André Luiz:

" Silas como que buscava, na choça desguarnecida de tudo, algo que pudesse funcionar à guisa de socorro, todavia, *somente velho cântaro ali guardava pequena porção de água.*

O Assistente comunicou-nos que a enferma reclamava medicação imediata, considerando, porém, que naquela hora da noite não era fácil trazer algum companheiro encarnado ao sítio deserto, nem dispúnhamos, ali, de recursos quaisquer.

Ainda assim, vimo-lo aplicar-lhe passes à glote, com desvelada atenção.

Logo após, administrou recursos fluídicos à linfa pura. (água)

Compreendemos que Silas ativara a sede na doente, constrangendo-a a servir-se da água simples então convertida em líquido medicamentoso.

Despendendo enorme esforço, Poliana abandonou o leito e buscou o pote humilde.

Após beber ligeiros goles, asserenou as próprias ânsias, *qual se houvera sorvido valiosa poção calmante."* (destaques do autor)

Cremos que, com mais esse ensinamento dos Espíritos, tenha ficado bastante claro que é possível administrar recursos do mundo espiritual aos encarnados através da água. Mais uma vez, os Centros Espíritas estão corretos na atitude de energizar esse veículo de que se valem os Espíritos para socorrer os encarnados.

A terceira lição sobre a água, como importante veículo dos recursos do Mundo Espiritual, está contida no livro *Entre a Terra e o Céu,* destacando que nesse trecho encontramos também a lição sobre a realização do

Evangelho no Lar, atraindo o auxílio dos Espíritos amigos:

"Às oito em ponto, Antonina, sem afetação, convidou com simplicidade:

— Sr. Mário, hoje temos nosso culto evangélico. Quer ter a bondade de partilhá-lo?

Incompreensivelmente feliz, o rapaz concordou de pronto.

A reunião, nessa noite, foi efetuada ao redor do leito de Lisbela, que não desejava perder o benefício das orações.

Um copo de água pura foi colocado junto à cabeceira da pequenina. (destaque do autor)

E, de Novo Testamento em punho, acomodados os companheiros, Antonina recomendou a Henrique fizesse a rogativa inicial.

O menino recitou o Pai Nosso e, em seguida, pediu a Jesus a saúde da irmãzinha doente, com enternecedora súplica.

Vimos o nosso orientador acercar-se do recipiente de água cristalina, magnetizando-a, em favor da enferma que parecia expressivamente confortada, ante a oração ouvida, e, logo após, abeirar-se de Silva, que lhe recebeu as irradiações." (destaque do autor)

Iremos ao último trecho que encerra os exemplos sobre a medicação que os Espíritos amigos veiculam através desse precioso líquido em nosso favor, contidos no livro *Nos Domínios da Mediunidade*:

"Notei que a reunião atingia a fase terminal.

Duas horas bem vividas haviam corrido célere para nós.

Raul Silva consultou o relógio e cientificou os companheiros de haver chegado o momento das preces de despedida.

Os amigos sofredores, aglomerados no recinto, poderiam receber vibrações de auxílio, enquanto os elementos do grupo recolheriam, através da oração, o refazimento das próprias forças.

Pequeno cântaro de vidro, com água pura, foi trazido à mesa.

E porque Hilário perguntasse se iríamos assistir a alguma cerimônia especial, o Assistente explicou, afável:

– *Não, nada disso. A água potável destina-se a ser fluidificada. O líquido simples receberá recursos magnéticos de subido valor para o equilíbrio psicofísico dos circunstantes.*

Com efeito, mal acabávamos de ouvir o apontamento, Clementino se abeirou do vaso e, de pensamento em prece, aos poucos se nos revelou coroado de luz.

Daí a instantes, de sua destra espalmada sobre o jarro, partículas radiosas eram projetadas sobre o líquido cristalino que as absorvia de maneira total.

– *Por intermédio da água fluidificada* – continuou Áulus – *precioso esforço de medicação pode ser levado a efeito. Há lesões e deficiências no veículo espiritual a se estamparem no corpo físico, que somente a intervenção magnética consegue aliviar, até que os interessados se disponham à própria cura.*" (destaques do autor)

Importante observar essa última colocação de que as lesões e deficiências do veículo espiritual se estamparão no corpo físico até que os interessados se disponham à própria cura, proposta essa feita por Jesus aos homens daquela e de todas as épocas porvindouras que, ao que parece, não conseguimos ainda entender. Quando o médico da Terra nos receita um remédio, não devemos tomá-lo, para que a cura se verifique? Por que, então, quando a medicação provém do mundo espiritual, nos recusamos a utilizá-la? Como já vimos bastante, não existe milagre, ou fazemos a nossa parte ou continuaremos os nossos encontros com as enfermidades que refletem os desequilíbrios da alma.

Abordamos, dessa maneira, com você, prezado leitor, amiga leitora, os ensinamentos da Vida Maior sobre os recursos oferecidos pela Doutrina Espírita aos que buscam pela cura das suas enfermidades: a oração, o passe, a água magnetizada, o culto do Evangelho no Lar.

Não nos esqueçamos, porém, do recurso maior que é a nossa reforma íntima, medicação essa que ninguém poderá administrar para nós. Essa medicação vem de dentro para fora, enquanto as outras agem de fora para dentro.

Está disposto a utilizar essa última medicação? Está mesmo?

Então vamos para a nossa última consulta.

A ÚLTIMA CONSULTA

Vamos para a nossa última consulta que só poderia ser feita com o Médico Divino, Jesus.

Atentemos para as considerações dos Espíritos Superiores em relação às nossas enfermidades do corpo e da alma, diante do Médico das Almas.

No livro *Missionários da Luz*, André Luiz indaga do orientador Alexandre sobre o tratamento de obsediados. Você poderá alegar que obsessão é uma doença da alma, mas a nossa necessidade, quer seja na doença do corpo, quer na do Espírito, é sempre semelhante diante do socorro da Providência Divina. Por isso, atentemos nas orientações finais recebidas por André:

"Valendo-me da hora, acerquei-me de Alexandre, para não perder as suas lições alusivas ao assunto, e indaguei:

– Como atingir as conclusões finais, no tratamento dos obsediados?

Ele sorriu e respondeu:

— Em todas as nossas atividades de socorro há sempre imenso proveito, ainda mesmo quando a sua extensão não seja perceptível ao olhar comum. Em qualquer doente dessa natureza que se disponha a cooperar conosco, em benefício próprio, colaborando decididamente na restauração de suas atividades mentais, regenerando-se à luz da vida renovada no Cristo, pode esperar o restabelecimento da saúde relativa do corpo terrestre. Quando a criatura, todavia, roga a assistência de Jesus com os lábios, sem abrir o coração à influência divina, não deve aguardar milagres de nossa colaboração. *Podemos ajudar, socorrer, contribuir, esclarecer; não é, porém, possível improvisar recursos, cuja organização é trabalho exclusivo dos interessados.*" (destaque do autor)

Em qualquer enfermidade, o restabelecimento da saúde é um trabalho exclusivo dos interessados, no sentido da sua reforma interior para banir as zonas vibratórias desequilibradas pelos procedimentos errôneos que temos em nossa estrada evolutiva.

No livro *Os Mensageiros*, o benfeitor Vicente esclarece André Luiz sobre a figura de Jesus na Medicina da Alma e do corpo, e faz um alerta aos médicos encarnados:

"No que concerne à Medicina, os colegas em bancarrota espiritual são inúmeros. A saúde humana é patrimônio divino e o médico é sacerdote dela. Os que recebem o título profissional, em nosso quadro de realizações, sem dele se utilizarem a bem dos semelhantes, pagam caro a indiferença. Os que dele abusam são, por sua vez, situados no campo do crime. *Jesus não foi somente o Mestre, foi Médico também. Deixou no mundo o padrão da cura para o reino de Deus.* Ele proporcionava socorro ao corpo e ministrava fé à alma. Nós, porém, meu caro André, em muitos casos terrestres, nem sempre aliviamos o corpo e quase sempre matamos a fé." (destaque do autor)

Nesse mesmo livro, continua o aprendizado sobre o Médico Divino, nas palavras de André Luiz:

"*Alargara-se, sobretudo, em minhalma, o entendimento acerca do Médico Divino que restabelece a saúde do Espírito imortal.* A claridade extensa, que me felicitava agora o espírito, fornecia mais largo conhecimento de Jesus. *Compreendi, então, que a fé não constitui uma afirmativa de lábios*, nem uma adesão de ordem estatística. Procurá-la-ia, em vão, na esfera sectária, nas disputas vulgares, nos cultos exteriores alteráveis todos os dias. Era, sim, uma fonte dágua viva, nascendo espontaneamente em minha alma. Traduzia-se em reverência profunda, aliada ao mais alto conceito de serviço e responsabilidade, diante das sublimes concessões do Eterno Pai. Encontrara um tesouro inacessível à destruição e um bem intransferível, por nascido e consolidado em mim mesmo."

No livro *Evolução em Dois Mundos*, André Luiz comenta cientificamente o problema da saúde-doença, mas sempre tendo como base a proposta da cura de profundidade oferecida por Jesus à Humanidade há mais de dois mil anos:

"*É que, geralmente, quase todos (processos de doenças) eles surgem como fenômenos secundários sobre as zonas de predisposição enfermiça que formamos em nosso próprio corpo, pelo desequilíbrio de nossas forças mentais* a gerarem ruturas ou soluções de continuidade nos pontos de interação entre o corpo espiritual e o veículo físico, pelas quais se insinua o assalto microbiano a que sejamos mais particularmente inclinados pela natureza de nossas contas cármicas.

Consolidado o ataque, pela brecha de nossa vulnerabilidade, aparecem as moléstias sintomáticas ou assintomáticas, estabilizando-se ou irradiando-se, conforme as disposições da própria mente, que trabalha ou não para refazer a defensiva orgânica em supremo esforço de reajuste, ou que, por automatismo, admite ou recusa, segundo a posição em que se encontra no princípio de causa e efeito, a intromissão desse ou daquele fator patogênico, destinado a expungir dela, em forma de sofrimento, os resíduos do mal, correspondentes ao sofrimento por ela implantado na vida ou no corpo dos semelhantes.

Não será lícito, porém, esquecer que o bem constante gera o bem constante e, que, mantida a nossa movimentação infatigável no bem, todo o mal por nós amontoado se atenua, gradativamente, desaparecendo ao impacto das vibrações de auxílio, nascidas, a nosso favor, em todos aqueles aos quais dirijamos a mensagem de entendimento e amor puro, sem necessidade expressa de recorrermos ao concurso da enfermidade para eliminar os resquícios de treva que, eventualmente, se nos incorporem, ainda, ao fundo mental.

Amparo aos outros cria amparo a nós próprios, motivo porque os princípios de Jesus, *desterrando de nós animalidade e orgulho, vaidade e cobiça, crueldade e avareza, e exortando-nos à simplicidade e à humildade, à fraternidade sem limites e ao perdão incondicional, estabelecem, quando observados, a imunologia perfeita em nossa vida interior, fortalecendo-nos o poder da mente na autodefensiva contra todos os elementos destruidores e degradantes que nos cercam e articulando-nos as possibilidades imprescindíveis à evolução para Deus."* (destaques do autor)

Mais uma vez, como encontramos ao longo deste livro, a realidade de que nossos desequilíbrios morais enfraquecem a saúde espiritual e, por consequência, a saúde do corpo físico que habitamos temporariamente. Da mesma forma, reencontramos o ensinamento da ação no campo do Bem, funcionando como poderoso remédio na cura dos males que ainda nos visitam.

Diante dessa síntese de ensinamentos apresentados por André Luiz sobre as doenças e a saúde de nosso corpo físico e mental, só nos resta remeter os amigos leitores para uma receita muito antiga, resultante desta última consulta:

Receituário

Jesus – Médico Divino

Especialista em dores do corpo e da Alma

Universidade do Amor Universal

Prescrição: Aos interessados na cura do corpo e da alma

Uso indicado: Em todas as situações de crescimento espiritual

"Eis que já estás são. Não peques mais, para que não suceda coisa pior."

"Sede pois, vós outros, perfeitos, como vosso Pai celestial é perfeito."

Modo de usar: Aplicar na sua alma em todas as ocasiões em que o orgulho, a vaidade e o egoísmo produzirem sintomas em sua vida.

Contraindicações: Não há.

Em caso de não melhorar,
consulte a sua consciência...

Uma justa homenagem

Queremos dizer que os dados biográficos utilizados nesta homenagem, foram retirados do livro *ESPÍRITO, PERISPÍRITO E ALMA*, do Dr. Hernani, numa pequena homenagem a esse gigante da ciência, principalmente da ciência que revela ao homem que o seu corpo físico é um mero rascunho do ser imortal. Esses dados foram adaptados de Y. Shimizu, com informações de Suzuko Hashizume.

Dr. Hernani desencarnou em 25 de abril de 2003, aos 89 anos de uma produtiva existência aqui na Terra, representada por sua obra respeitável no campo da pesquisa científica do Espírito, como também por seus exemplos como ser humano.

Nasceu em 31 de maio de 1913, na cidade de Araguari, MG, cidade essa que nos tem dado grandes paladinos da Doutrina Espírita. Já revelava uma grande inteligência com dezesseis anos de vida. Dr. Hernani tornou-se espírita com essa idade pelas explicações lógicas que a Doutrina proporcionava à sua destacada capacidade de raciocinar sobre aquilo em que passava a acreditar.

Mudou-se para a cidade de São Paulo onde se formou em Engenharia Civil na Escola Politécnica da USP, em 1941.

Pouco tempo depois, tornou-se engenheiro-chefe na Companhia Siderúrgica Nacional, em Volta Redonda, deslocando-se para o Rio de Janeiro, cargo que ocupou de 1943 a 1951.

Retornando à Capital Paulista, ingressou no DAEE (Departamento de Águas e Energia Elétrica do Estado de São Paulo), ocupando diversos cargos mercê da sua capacidade profissional como também do seu caráter como ser humano. Aos 70 anos de idade, aposentou-se nesse emprego como diretor de Divisão, em 1983.

Dr. Hernani estudou os grandes autores que se dedicaram à verdade espírita, tais como: Gabriel Delanne, Léon Denis, Ernesto Bozanno, Camille Flamarion, Willian Crookes, Alexander Aksakoff, Cesare Lombroso, assim como também Charles Richet.

Já por esse estudo prévio, podemos ver o grande embasamento científico que Dr. Hernani preparava para dirigir as suas bem sucedidas pesquisas.

Trazia, em sua bagagem, conhecimentos aprofundados de Física e de diversos aspectos das Ciências Biológicas, da Cosmologia, de Estatística e de Psicologia. Como fruto de conhecimento adquirido pela estrada evolutiva, dominava várias disciplinas filosóficas.

Foi diretor-fundador e professor de Matemática do Ginásio Macedo Soares em Volta Redonda, RJ, professor de Física na Escola Técnica da Usina de Volta Redonda e professor visitante na Universidade John F. Kennedy, na Argentina.

Juntamente com outros estudiosos dos aspectos

científicos da Doutrina Espírita, fundou em 1963 o consagrado IBPP - Instituto Brasileiro de Pesquisas Psicobiofísicas, em São Paulo.

Em 1966, Dr. Hernani conheceu no DAEE, sua principal colaboradora na pessoa da Professora Suzuko Hashizume, importante fonte de informações sobre a pessoa do Dr. Hernani. A Professora Suzuko também se interessou pela pesquisa de fenômenos paranormais, passando a auxiliá-lo nas pesquisas, inclusive quando o Dr. Hernani se mudou para a cidade de Bauru (SP), em 1992, levando o IBPP para esta cidade.

Estimulava jovens que se interessavam pelo estudo científico do Espiritismo, administrando cursos, seminários e palestras, montagem de laboratórios. Entendia Dr. Hernani, que realmente possuímos aquilo que damos, tornando-se para muitos um verdadeiro mentor, o que a sua modéstia não lhe permitia entender dessa forma.

O contato com tão admirável pessoa sempre era uma oportunidade de aprender mais, pela constante atualização em contato com as investigações dos fatos paranormais no Brasil e no mundo, devido à correspondência que mantinha com instituições e cientistas internacionais.

Abrilhantou, com suas conferências, seminários e cursos de Parapsicologia no IBPP, na USP, na Associação Médico-Espírita de São Paulo (AME-SP), no Instituto Nacional de Terapia de Vivências Passadas (INTVP), na Universidade Estadual Paulista (Unesp) e em instituições filantrópicas.

Em 1958, Dr. Hernani elabora e comprova posteriormente a importantíssima teoria do *Modelo Organizador Biológico* (MOB) dos seres, Modelo esse alvo de seus estudos nos livros *A Teoria Corpuscular do Espírito;*

Morte, Renascimento, Evolução: Uma Biologia Transcendental; Espírito, Perispírito e Alma: Ensaio sobre o Modelo Organizador Biológico, e PSI Quântico: Uma Extensão dos Conceitos Quânticos e Atômicos à Ideia do Espírito.

Lembram-se de quando falamos, no início do livro, sobre o mapa sobre o qual se formava o novo corpo físico? Nesse local tocamos no assunto importantíssimo sobre o Modelo Organizador Biológico (MOB), que o Dr. Hernani formulou e comprovou em suas pesquisas. Através dele, o perispírito atua no corpo material, mecanismo de destaque no surgimento das enfermidades que podem nos acometer no transcorrer de nossa existência aqui na Terra. Isso falando de maneira leiga, mas muito leiga sobre o MOB.

É interessantíssimo divulgar que, para evitar o preconceito no meio científico contra o Espiritismo, Dr. Hernani utilizou pela primeira vez no Brasil o nome de Psicobiofísica para denominar a "disciplina científica cujo objeto é o estudo dos fenômenos psíquicos, biológicos e físicos em todas as suas manifestações, com ênfase nas de caráter paranormal."

Esse incansável trabalhador realizou inúmeros estudos teóricos sobre a Psicobiofísica através de modelos matemáticos, criando o Modelo Geométrico do Espírito, capaz de explicar vários fenômenos biológicos, paranormais e mediúnicos, que foi detalhado em sua obra *Espírito, Perispírito e Alma: Ensaio sobre o Modelo Organizador Biológico.*

Ainda de acordo com os dados biográficos encontrados no livro citado no início desse capítulo, durante mais de 37 anos, Dr. Hernani realizou investigações sobre o fenômeno *psi* (paranormal); sobre a Reencarnação pelo método do Dr.

Ian Stevenson; sobre Poltergeist; sobre Transcomunicação Instrumental; além de ter investigado a mediunidade e outros fenômenos paranormais espontâneos.

Foi o primeiro brasileiro a projetar e construir uma câmara Kirlian que, grosseiramente falando, permite fotografar a aura dos seres. Lembramos que essa câmara, em primeiro lugar, foi construída na Rússia.

Na sua intensa atividade, Dr. Hernani, por 28 anos, manteve o suplemento Ciência & Espiritismo no jornal *Folha Espírita*, publicando cerca de 350 artigos.

Suas realizações, no campo da ciência, constituíram estímulo fortíssimo para as pessoas interessadas no aspecto científico do Espiritismo, facilitando a sedimentação e expansão do Movimento Médico-Espírita.

Colaborou também com numerosos artigos para outros periódicos como: *No Mundo Maior, Obreiros do Bem, Revista Internacional de Espiritismo (RIE), Planeta e Visão Espírita.*

Coordenou e supervisionou a tradução das obras *Vinte Casos Sugestivos de Reencarnação* de Ian Stevenson, e *Espaço-Tempo e Além* de Bob Toben e Fred Allan Wolf.

Prestou assessoria científica na elaboração do *Dicionário de Parapsicologia, Metapsíquica e Espiritismo,* de autoria de João Teixeira de Paula.

Evidentemente que muito se teria a dizer sobre este Espírito missionário no campo da ciência e da moral. Sua existência profícua no campo do bem pode ser tema para um livro de otimismo e lições de como viver corretamente, principalmente numa época em que se investe na divulgação do mal pela imprensa, poluindo as mentes com a ideia de que o Bem está recuando em seu crescimento.

Para terminar essa singela homenagem, citamos as obras magistrais deixadas para a atualidade e posteridade pelo Dr. Hernani Guimarães Andrade, um trabalhador que soube dignificar a sua reencarnação neste planeta de provas e expiações:

A Teoria Corpuscular do Espírito (1958); ed. Autor
Novos Rumos à Experimentação Espirítica (1960); ed. Autor
Parapsicologia Experimental (1967); ed. Pensamento
A Matéria Psi (1972); ed. O Clarim; (também em inglês)
Morte, Renascimento e Evolução (1983); ed. Pensamento, (também em espanhol)
Espírito, Perispírito e Alma (1984); ed. Pensamento
Psi Quântico (1986); ed. Pensamento
Reencarnação no Brasil (1988); ed. O Clarim
Poltergeist (1989); ed. Pensamento
Transcomunicação Instrumental (1992); ed. FE
Renasceu por Amor (um caso que sugere reencarnação) (1995); ed. FE
Transcomunicação Através dos Tempos (1997); ed. FE
Morte, Uma Luz no Fim do Túnel (1999); ed. FE
Parapsicologia – Uma Vida Panorâmica (2002); ed. FE
Você e a Reencarnação (2003); ed. CEAC
A Mente Move a Matéria (2005); ed. FE

Podemos constatar, pela sua produção literária, que o Dr. Hernani manteve-se ativo até o fim de sua existência material, característica dos Espíritos missionários.

Segundo os dados bibliográficos consultados para esta justa homenagem, possui ele ainda cinco monografias publicadas e outros livros no prelo.

Bibliografia

AGNELLI, Laerte et al. *Traços de Chico Xavier.* 1.ª ed. CEU, 2004.

ANDRADE, Hernani Guimarães. *Espírito, perispírito e alma.* 1.ª ed. Votuporanga: Didier, 2006.

ANDRÉA, Jorge. *Busca do campo espiritual pela ciência.* 2.ª ed. Rio de Janeiro: Lorenz, 1997.

BACCELLI, Carlos A. / Irmão José (espírito). *Lições da vida.* 5.ª ed. Votuporanga: Didier, 1994.

FRANCO, Divaldo P. *Compreendendo a saúde espiritual e mental.* 2ª ed. Salvador: LEAL, 2005.

________. *Elucidações espíritas.* 2.ª ed. Rio de Janeiro: SEJA, 1992.

FRANCO, Divaldo P. / Amélia Rodrigues (espírito). *Primícias do reino.* 4.ª ed. Salvador: LEAL, 1987.

FRANCO, Divaldo P. / Joanna de Ângelis (espírito). *Desperte e seja feliz,* 10ª ed. Salvador: LEAL, 2007.

________. *Elucidações psicológicas à luz do espiritismo.* 2.ª ed. Salvador: LEAL, 2003.

________. *Plenitude*. 16ª ed. Salvador: LEAL, 2007.

GAMA, Ramiro. *Lindos casos de Chico Xavier*. 15ª ed. São Paulo: LAKE, 1987.

GODOY, Paulo A. de. *O evangelho por dentro*. 1ª ed. São Paulo: FEESP, 1989.

KARDEC, Allan. *A gênese*. 29ª ed. Rio de Janeiro: FEB, 1986.

________. *O evangelho segundo o espiritismo*. 333ª ed. Araras: IDE, 2006.

________. *O livro dos espíritos*. 167ª ed. Araras: IDE, 2006.

MACHADO, Ubiratan. *Chico Xavier - uma vida de amor*. 1ª ed. Araras: IDE, 2006.

NOBRE, Marlene. *Lições de sabedoria*. 1ª ed. São Paulo: FÉ, 1996.

NORONHA, Altiva Glória F. *O peregrino do senhor*, 1ª ed. Brasília: LEAL, 1987.

PETRY, André. O caminho é longo. *Veja*, São Paulo: Abril, nº 2062, p. 11-15, maio 2008.

PIRES, José Herculano. *Agonia das religiões*. 1ª ed. São Paulo: Paideia, 1976.

SAID, Cezar Braga. *Raul Teixeira - um homem no mundo*, 1ª ed. Rio de Janeiro: FRÁTER, 2008.

SAVIOLI, Roque M., *Fronteiras da Ciência e da Fé*, 1ª ed. São Paulo: Gaia, 2006.

SOUZA, Cezar Carneiro de. *Encontros com Chico Xavier*, 4ª ed. Uberaba: ELCEAA, 2004.

XAVIER, Francisco C. / André Luiz (espírito). *Ação e reação*. 4.ª ed. Rio de Janeiro: FEB, 1972.

________. *Entre a terra e o céu*. 5.ª ed. Rio de Janeiro: FEB, 1972.

________. *Mecanismos da mediunidade.* 3.ª ed. Rio de Janeiro: FEB, 1970.
________. *Missionários da luz.* 10ª ed. Rio de Janeiro: FEB, 1976.
________. *Nos domínios da mediunidade.* 7ª ed. Rio de Janeiro: FEB, 1972.
________. *Nosso lar.* 13ª ed. Rio de Janeiro: FEB, 1972.
________. *Obreiros da vida eterna.* 8ª ed. Rio de Janeiro: FEB, 1971.
________. *Os mensageiros.* 8ª ed. Rio de Janeiro: FEB, 1973.
XAVIER, Francisco C. /Emmanuel (espírito). *Trilha de luz.* 1.ª ed. Araras: IDE, 1990.
XAVIER, Francisco C.; VIERIA, Waldo / André Luiz (espírito). *Evolução em dois mundos.* 3ª ed. Rio de Janeiro: FEB, 1971.